TOTALMENTE

ENRIQUE MUÑIZ

TOTALMENTE
Historias recientes de juventud, alegría y santidad

EDICIONES RIALP
MADRID

© 2024 *by* ENRIQUE MUÑIZ
© 2024 *by* EDICIONES RIALP, S. A.,
Manuel Uribe 13-15 - 28033 Madrid
(www.rialp.com)

Preimpresión: www.produccioneditorial.com

ISBN (edición impresa): 978-84-321-6628-0
ISBN (edición digital): 978-84-321-6629-7
ISBN (edición bajo demanda): 978-84-321-6630-3
Depósito legal: M-32621-2023
Impreso por Service Point, S. A., Madrid

ÍNDICE

INTRODUCCIÓN

CUANDO YO ERA CHAVAL (en el lejano siglo XX) se me daban bien los chistes. Y experimenté más de una vez que cuando uno cuenta un chiste con gracia no le salen imitadores, sino espontáneos que te cuentan sus chistes para que tú los repitas, porque se supone que lo harás con más gracia.

Cuento esto no tanto para lamentar lo que el mundo del espectáculo ha perdido con mi desinterés por el cultivo de mis propias habilidades escénicas (que ya adelanto que no hubiera sido gran cosa) sino para explicar cómo surgió este libro.

Tras publicar yo un par de libros y ayudar a la publicación de unos cuantos más sobre personas santas −en el sentido más coloquial de la palabra−, varios amigos se me han acercado para pedirme que escriba sobre santos jóvenes. Historias breves −"los jóvenes no leen libros gordos"−, atractivas, ejemplares, de chicos y chicas sonrientes, a ser posible con *Instagram* y *tiktok*, que hayan encontrado a Cristo mientras usaban la *PlayStation*, gente con muchos amigos, con tatuajes, fans de Eurovisión...

Resistí la tentación inicial de decirles que lo escribieran ellos, o buscasen un buen contador de historias; pero lo dejé para más tarde y mientras tanto otro amigo al que expliqué el asunto me animó a recordar nuestra propia juventud y el bien que nos hicieron las lecturas de vidas de santos. Y otro más añadió la urgente necesidad de este tipo de libros... así que me lancé a intentarlo.

El papa Francisco explica muy bien a los jóvenes que el legítimo deseo de ser como sus coetáneos es compatible con el de mostrarse distintos en lo que sea necesario: «Es cierto que los miembros de la Iglesia no tenemos que ser "bichos raros". Todos tienen que sentirnos hermanos y cercanos, como los Apóstoles, que «gozaban de la simpatía de todo el pueblo» (*Hch* 2, 47; cf. 4, 21.33; 5, 13). Pero al mismo tiempo tenemos que atrevernos a ser distintos, a mostrar otros sueños que este mundo no ofrece, a testimoniar la belleza de la generosidad, del servicio, de la pureza, de la fortaleza, del perdón, de la fidelidad a la propia vocación, de la oración, de la lucha por la justicia y el bien común, del amor a los pobres, de la amistad social» (*Christus Vivit*, 36).

Por cierto, lo de que los jóvenes no leen libros gordos, sencillamente no es cierto; podríamos decir que es un dogma *fake*. Hay superventas de literatura infantil y juvenil de cientos de páginas. Lo que no leen son libros malos. Tampoco creo demasiado en las clasificaciones estrictas de libros por edades de los lectores, entre otras cosas por el interés de los adultos hacia los buenos libros dirigidos a niños; pero enzarzarme en estas consideraciones no me hubiera ayudado a escribir este libro (ni me está ayudando a terminar esta introducción): lo que hice fue buscar información, comprar unos cuantos libros sobre esos jóvenes con vidas inspiradoras, dedicar unas cuantas horas a ver biografías disponibles en YouTube, confirmar que el resultado podría tener interés y ayudar a los lectores, y aquí estoy.

Me hubiera gustado que este proyecto me sirviera de excusa para viajar por el mundo y recoger de primera mano datos sobre gente así. Si este libro —o librito— resulta interesante, tal vez escriba una segunda parte con esas entrevistas que ahora no he hecho. Ahora me he limitado a lo que está accesible desde mi mesa de trabajo, que no es poco.

Para escoger a los participantes en este elenco de jóvenes con vidas inspiradoras sobre los que he recogido información, vi necesario ser serio en la selección para que todos fueran realmente jóvenes, algo que me llevó a preguntarme cuántos años tiene un joven. Recordé que hace ya un tiempo fui invitado a abandonar la directiva de una asociación juvenil por cumplir los 30 años, busqué respuestas en internet y me encontré con lo que ya sospechaba: no hay unanimidad. En el museo de pesas y medidas de París, donde se conserva inalterable y exacto el metro de platino iridiado, no se dice una palabra sobre la juventud. La OMS establece que la juventud comprende de los 14 a los 26 años; el CIS preguntó a los españoles hace unos años y la mayoría piensa que en torno a los 27 se deja de ser joven. A mí ahora me parecen jóvenes los seres humanos hasta los

60 (y niños al menos hasta los 30); y a partir de los 60 no son viejos sino adultos (la vejez comienza hacia los 90, y no en todos los casos). En resumen: los 18 protagonistas de los 15 capítulos de este libro vivieron en el siglo XXI; pero amparado en que su media de edad es de 25 años y seis meses no me ha preocupado incluir sin muchas explicaciones añadidas a una niña de 10 años y a otra de 44. Hay diez mujeres y ocho varones. Solo una está casada, pero no porque exista una mayoría que haya optado por el celibato, sino porque son muy jóvenes –hay varios noviazgos formales y también alguno que busca su media naranja sin éxito–.

Como explico hacia el final, al ver que me faltaban ejemplos de África y Asia, busqué y encontré, pero como son historias de las que hay disponible menos información, abandoné la idea inicial de dedicar un capítulo a cada uno y agrupé varios para que cada capítulo tuviera una extensión semejante.

Quiero añadir que no pretendo en absoluto prevenir el juicio de la Iglesia sobre la santidad de mis protagonistas. Ninguno de ellos ha sido canonizado todavía, hay un beato, otros son venerables... y de otros ni se ha iniciado el proceso de canonización, ni probablemente se inicie nunca. Los he escogido porque me ha parecido que sus vidas tienen algo de inspirador. También debo decir que copio muchos textos de otras publicaciones, y que procuro citar siempre las fuentes.

Sobre el título del libro –*Totalmente*–, no tengo muchísimo que decir, pero sí algo. Lo primero es pedir disculpas por titular con un adverbio, que en contra de lo que sería de esperar no acompaña a un verbo, ni a un adjetivo, ni a otro adverbio, sino más bien a la forma de darse de los jóvenes. Como palabra de moda, más o menos quiere decir «estoy totalmente de acuerdo con eso que acabas de decir»; pero sobre todo está lo que dice el diccionario sobre su significado: «Enteramente, del todo». Así son los jóvenes, así es su entrega a sus ideales, así son sus vidas.

Como todos han fallecido cuando eran jóvenes, he incluido consideraciones suyas o de otros sobre la ciencia de la Cruz y el misterio del dolor, del que son ejemplos llenos de luz. A lo largo de estas páginas, es frecuente que cite o simplemente recomiende una lectura o un vídeo. *Christus vivit* (exhortación apostólica postsinodal que el papa Francisco envió "a los jóvenes y al pueblo de Dios" en 2019, tras el "Sínodo de los Obispos sobre los jóvenes, la fe y el discernimiento vocacional" que tuvo lugar en Roma en 2018) es una lectura muy recomendable (y es gratis); termino esta introducción con otro ejemplo de hasta qué punto (es recomendable):

El Señor «nos invita a ir sin miedo con el anuncio misionero, allí donde nos encontremos y con quien estemos, en el barrio, en el estudio, en el deporte, en las salidas con los amigos, en el voluntariado o en el trabajo, siempre es bueno y oportuno compartir la alegría del Evangelio. Así es como el Señor se va acercando a todos. Y a ustedes, jóvenes, los quiere como sus instrumentos para derramar luz y esperanza, porque quiere contar con vuestra valentía, frescura y entusiasmo» (*Christus Vivit*, 177).

1.
CARLO ACUTIS

*El chaval de 15 años que nos recordó que debemos
ser originales (y no fotocopias)*

ES REALMENTE DIFÍCIL NO HABER oído hablar de este
muchacho, beatificado en Asís el 10 de octubre de
2020. Su vida ha sido objeto de varios documentales
y un buen número de libros. La web de la Asociación
Carlo Acutis[1] —disponible en siete idiomas— contiene
abundante material sobre su vida, su fama de santidad,
devoción, noticias de su causa de canonización, etc.
Ofrece incluso el acceso a una *web-cam* a través de la
que se puede ver su tumba en tiempo real, en la iglesia
parroquial de Santa María la Mayor de Asís.

---
[1] http://www.carloacutis.com/

Es impresionante el aspecto que muestran los sagrados restos de Carlo en la urna en que reposan: con vaqueros, zapatillas deportivas y una sudadera con aire de chándal. Cualquier chaval percibe visualmente que estamos ante *uno de los nuestros* mejor que con muchos sesudos discursos. Sin ánimo de entrar en polémicas, ni de pasar por encima de la historia del arte con el que se han representado a los santos a lo largo de los siglos, hay que decir que la tumba de Carlo transmite más cercanía que todas las imágenes que pueblan las hornacinas de nuestras iglesias, y que incluso no parece un muerto. Parece que reposa dormido como un príncipe.

Se comprende que en varios lugares se diga equivocadamente que el cuerpo se conserva incorrupto, pero eso no es cierto. Cuando se trasladó desde el cementerio, se explicó que el cuerpo se encontraba en el estado normal de descomposición propio de los cinco años transcurridos desde el fallecimiento, con las diversas partes todavía en su conexión anatómica, y que fue tratado con las técnicas de conservación e integración que se practican habitualmente para exponer dignamente los cuerpos de beatos y santos para la veneración de los fieles. La reconstrucción de la cara se realizó con una máscara de silicona. El resultado es que queda bien claro que Carlo no es un santo vestido de joven, sino un verdadero joven con fama de santidad, un *millennial* que tiene mucho que decir a sus coetáneos y a mucho vejete convencido de que los jóvenes, en general, son tontos.

La Congregación de las Causas de los Santos ha publicado ya dos ediciones de un libro que contiene algo así como un catálogo de santos y beatos jóvenes[2]. Copio de la introducción una cita (la traducción es mía): «No se puede decir que, en el mundo antiguo, oriental, los jóvenes gozaran de gran estima. El mundo 'pertenecía' a personas de mediana edad, más aún, era gobernado por gente mayor. Incluso en la época de Jesús, el judaísmo no conocía la exaltación heroica de la juventud. El pueblo de Israel estaba convencido de que el niño era necio y carecía de razón, que debía ser guiado para mejorar su conducta por medios coercitivos. Así lo expresa la sabiduría del Antiguo Testamento: "La necedad está atada al corazón del muchacho, la vara de la instrucción la alejará de él" (*Pro* 22, 15); o también: "El que escatima la vara odia a su hijo, pero el que lo ama lo corrige a tiempo" (*Pro* 29, 15; *Eclo* 30, 8.13). Jesús, sin embargo, no se deja condicionar por su entorno: se rodea de discípulos jóvenes, de mujeres, bendice a los niños y los implica en el debate sobre la verdadera grandeza como modelos a los que admirar (*Mc* 9, 34-35; 10, 13-16)».

Aunque los adultos tendemos a pensar lo contrario, los jóvenes no son menos listos que nosotros. Simplemente son jóvenes. Decía Bernard Shaw que *la juventud es una enfermedad que se cura con los años*. Ciertamente, se pasa con los años la juventud física, pero no es una enfermedad: y lo deseable es que la ilusión, los proyectos, y las ganas de vivir nos acompañen a todos al hacernos adultos, e incluso viejos. De los jóvenes tenemos mucho que aprender.

---

[2] Congregazione delle Cause dei Santi, Maurizio Tagliaferri, Judith Borer, *Santi e beati giovani*. Libreria Editrice Vaticana, 2ª edición actualizada, 2018.

Pero he saltado muy rápido a la tumba y a la importancia de mantener el espíritu joven (ojo: no solo hay viejos-viejos, también hay jóvenes-viejos). Repasemos antes que nada los *highlights* de la vida de Carlo:

Nació el 3 de mayo de 1991 en Londres, en una familia italiana, originaria de Lombardía. Sus padres, Andrea Acutis y Antonia Salzano, se encontraban en Londres por motivos profesionales en el momento de su nacimiento. Tras el nacimiento de Carlo, la familia Acutis regresó a Italia. En Milán asistió a la escuela primaria y secundaria con las Hermanas Marcelinas, luego fue al Liceo Clásico León XIII, dirigido por los jesuitas.

Sus padres, que se ocuparon de bautizar a Carlo en Londres al poco de nacer, en la iglesia de *Our Lady of Dolours*, no practicaban mucho por aquel entonces. La que se ocupó más directamente de la primera formación de Carlo fue una niñera, llamada Beata, que le enseñó sus primeras oraciones y devociones. Durante los viajes familiares solicitaba a sus padres visitar los santuarios de la región. Desde niño tuvo una devoción especial por la Eucaristía y por la Virgen María, a quien luego definió como «la única mujer de mi vida». Se interesó por la historia de las apariciones de Nuestra Señora de Lourdes y de la Virgen de Fátima, también estudió la vida de los santos, entre ellos Luis Gonzaga y Tarsicio, Francisco de Asís, Antonio de Padua, Domingo Savio y los tres pastores de Fátima: Francisco Marto, Jacinta Marto y Lucía dos Santos. Su madre acudió a clases de teología para poder responder a las cuestiones que Carlo le planteaba.

A los siete años Carlo manifestó su deseo de recibir la Eucaristía, a la que llamó «mi autopista hacia el

Cielo». La ceremonia de su primera comunión tuvo lugar en el Monasterio Ambrosiano de Perego el 16 de junio de 1998. Desde entonces y hasta su muerte, Carlo procuró asistir todos los días a misa, y a menudo lo hacía acompañado, de forma que esa costumbre suya fue prendiendo entre familiares y amigos. En una ocasión dijo: «Si nos acercamos a la Eucaristía todos los días, vamos directos al Paraíso». Rezó el rosario también todos los días, se confesaba una vez por semana y participaba en el catecismo para los niños de su parroquia.

También dedicaba su tiempo libre a visitar a los ancianos y ahorraba dinero para dárselo a los más necesitados, ayudaba a las personas sin hogar, fue voluntario en los comedores populares y ayudó como catequista. A menudo decía: «La felicidad es mirar a Dios. La tristeza es mirarte a ti mismo».

Mostró interés por las tecnologías de la información y la comunicación y, como aficionado a la informática, tras dos años de investigación y viajes en los que también participaron sus padres, elaboró una exposición virtual sobre los milagros eucarísticos en el mundo. Su trabajo recogía un total de 136 milagros eucarísticos reconocidos por la Iglesia católica, con fotografías y descripciones. La exposición se inició en un sitio web; posteriormente se prepararon también versiones en soporte físico, en paneles impresos, y se han difundido por los cinco continentes en más de veinte idiomas[3]. Por la enorme difusión de estos materiales se ha pensado en él como posible patrono de internet.

---

[3] http://www.miracolieucaristici.org/

He dicho un poco más arriba que de los jóvenes tenemos mucho que aprender. También de los niños y las niñas, que la Iglesia no duda en presentarnos como ejemplo. Corremos el peligro de considerar que la biografía de Carlo, o la de otros jóvenes como los que despertaron tempranamente su interés por la santidad, contienen demasiadas exageraciones que son fruto de su inmadurez más que de su madurez sobrenatural y de la coherencia con la que abrazaron las consecuencias de la fe sin los prejuicios de la experiencia y los miedos de la madurez. ¡Un joven que decide vivir una vida limpia y se entrega al servicio de los más necesitados! ¡Un niño que va a misa y reza el rosario a diario! Más todavía: ¡Un *influencer* que usa sus conocimientos de informática para recopilar datos sobre el milagro de la Eucaristía, en vez de subir a las redes sociales *selfies* de sus viajes o publicitar cosméticos! ¡Y además con una sonrisa! Esa es la fuerza de la vida de Carlo, fruto de la acción de la gracia en su alma.

De todas formas, no todas sus aficiones tenían que ver con su intensa piedad. Su espíritu de servicio y su optimismo encontraban también cauce en sus gustos y aficiones: tocaba el saxofón, le entusiasmaban los videojuegos, capturaba muñecos de Pokémon, le encantaban los dulces y las pizzas... Era un muchacho deportista, sano y bastante alto: medía 1,82 m con quince años.

El lunes 2 de octubre de 2006 se sintió mareado. Un buen número de sus compañeros tenía gripe esos días. Tal vez eran paperas... En seguida se diagnosticó la causa de su malestar: Leucemia mieloide aguda. Al entrar en el hospital le dijo a su madre: «De aquí ya no salgo». Más tarde, también comentó a sus padres: «Ofrezco al Señor los sufrimientos que tendré que padecer por el papa y por la Iglesia católica, para no tener que estar en el Purgatorio y poder ir directo al Cielo». En un momento en que, ya en la cama del hospital, su madre dormitaba junto a él, la enfermera le preguntó cómo se sentía con esos dolores, respondió: «Bien. Hay gente que sufre mucho más que yo. No despierte a mi madre, que está cansada y se preocuparía más». Pidió la unción de enfermos y tres días después del diagnóstico, el 12 de octubre de 2006, falleció en el hospital San Gerardo de Monza, Italia.

El día de su funeral asistieron varias personas inesperadas. Según su madre, había personas que ella no conocía, gente sin hogar, inmigrantes, mendigos y niños. Gente que le hablaba de Carlo y de su trabajo social, de lo que él había hecho por ellos, algo de lo que ella no sabía nada.

Existen más de doscientos sitios y blogs que hablan sobre él en diferentes idiomas y hay historias de conversión inspiradas en él que ocurrieron tras su muerte. Los padres recibieron cartas y solicitudes de oración de todo el mundo, y gran parte de este material fue reunido durante la fase diocesana de su beatificación.

El proceso de beatificación fue iniciado en la archidiócesis de Milán el 13 de mayo de 2013. El 24 de noviembre de 2016, la investigación diocesana se envió a Roma para ser estudiada por la Congregación para las Causas de los Santos. Tras el informe positivo de las distintas comisiones, el 5 de julio de 2018, en reconocimiento de sus virtudes heroicas, el papa Francisco lo declaró Venerable. Su madre afirmó: «Su jornada giraba en torno a Jesús, que estaba en el centro. Las personas que se dejan transformar por Jesús y tienen esta fuerte amistad con Dios interpelan a los otros, irradian la imagen de Dios».

El 21 de febrero de 2020, tras el análisis de una comisión de médicos y la Congregación para las Causas de los Santos, el papa Francisco aprobó un milagro atribuido a su intercesión, que permitió su beatificación. Este milagro es la curación inexplicable de un niño en Brasil, llamado Matheus, que padecía una malformación congénita denominada páncreas anular, que le impedía una alimentación normal, ya que vomitaba enseguida todo lo que comía. Luciana Vianna, su madre, se enteró de que iban a llevar a su parroquia una reliquia de Carlo y animada por el sacerdote comenzó a acudir a su intercesión para pedir la curación de Matheus.

El 12 de octubre de 2010, acudió con el niño a la capilla de Nuestra Señora Aparecida de Campo Grande, en el estado brasileño de Mato Grosso del Sur. Tras la misa, el abuelo del niño lo llevó en brazos a venerar la reliquia de Carlo. Al niño le habían explicado que la petición se hacía en el corazón, pero él pidió en voz alta «dejar de vomitar». Cuando Luciana preguntó a su hijo qué había pedido, Matheus le sorprendió respondiendo que ya estaba curado gracias a Carlo Acutis. Ya en casa, el niño pidió comer y le preguntó a su hermano cuál era la mejor comida que había probado. Los dos eligieron arroz, frijoles, bistec y papas fritas. Pocas semanas después, la curación de Matheus fue documentada por los médicos.

El sábado 10 de octubre de 2020 Carlo fue beatificado en Asís. La ceremonia, se celebró en la Basílica de San Francisco de Asís, por el cardenal Agostino Vallini, delegado del papa Francisco. Se presentó una urna que contenía como reliquia el corazón del nuevo beato. Recorto tres párrafos de la homilía pronunciada en esa ceremonia (la traducción del italiano es de ACIPRENSA):

Era un joven normal, sencillo, espontáneo, simpático (basta mirar su fotografía), amaba la naturaleza y los animales, jugaba fútbol, tenía muchos amigos de su edad, se sintió atraído por los medios modernos de comunicación social, apasionado por la informática y autodidacta construyó programas, como ha dicho el papa Francisco "para transmitir el Evangelio, comunicar valores y belleza". Tenía el don de atraer y fue percibido como un ejemplo.

Para comunicar esta necesidad espiritual utilizó todos los medios, incluidos los modernos medios de comunicación social, que sabía utilizar muy bien, en particular internet, que consideró un regalo de Dios y una herramienta importante para encontrar a las personas y difundir los valores cristianos. Su modo de pensar le hizo decir que la red no es solo un medio de evasión, sino un espacio de diálogo, conocimiento, intercambio, de respeto recíproco, para ser usado con responsabilidad, sin convertirse en esclavos de ella y rechazando el *bullying* digital, en el castigado mundo virtual es necesario saber distinguir el bien del mal. En esta perspectiva positiva, animó a utilizar los medios de comunicación como medios al servicio del Evangelio, para llegar al mayor número posible de personas y hacerles conocer la belleza de la amistad con el Señor.

Él testificó que la fe no nos aleja de la vida, sino que nos sumerge profundamente en ella, indicándonos el camino concreto para vivir la alegría del Evangelio. Depende de nosotros seguirlo, atraídos por la fascinante experiencia del beato Carlo para que nuestra vida pueda brillar de luz y esperanza.

Beato Carlo Acutis, ruega por nosotros.

2.
CARLOTTA NOBILE

Brillante violinista fallecida a los 24 años.
Poco antes repetía: «Señor, te doy gracias».

Carlotta Nobile fotografiada por Manuela Morgia en 2009

PASÉ LA SEMANA SANTA DE 2013 en Roma con un grupo de chicos de Alcobendas. Conservo unas cuantas fotos de aquellos días y unos recuerdos muy vivos de la primera Semana Santa de Francisco como papa: la cercanía de sus ejemplos, la pedagogía de sus recapitulaciones, incluso el significado de gestos como el de lavar los

25

pies el Jueves Santo a reclusos de un centro penitenciario para menores. En mis notas de aquellos días está la recomendación a los pastores de *oler a oveja*, la de hacer memoria del encuentro personal con Jesús en los momentos de miedo o desconcierto, la de no poner el corazón en las cosas materiales —*el sudario no tiene bolsillos*— y, sobre todo, el tríptico *Alegría, Cruz, Juventud* en torno al cual desarrolló la preciosa homilía del Domingo de Ramos.

Se celebraba ese día, como cada domingo de Ramos en Roma, la Jornada Mundial de la Juventud y un grupo de brasileños sostenía durante la Misa la llamada Cruz de los Jóvenes o de la JMJ, una sencilla (y bastante grande) cruz de madera que desde 1984 recorre el mundo y en ese momento estaba en Roma camino de Brasil, para la JMJ que se celebró ese verano en Río de Janeiro.

Carlotta Nobile también escuchó esa homilía. Más bien habría que decir que fue fulminada por esa homilía: escuchar cómo el papa invitaba a los jóvenes a llevar la Cruz con alegría abrió su corazón a la comprensión del sentido de un cáncer contra el que llevaba luchando durante año y medio, y del que moriría cuatro meses más tarde.

Pero vamos a remontarnos unos años en el tiempo. Para hacerlo recomiendo el material sobre ella que se recoge en su página web[1]; especialmente el vídeo[2] en el que hablan sus padres, su hermano, y algunos de los profesores, sacerdotes y amigos que la trataron.

Carlotta nació en Roma el 20 de diciembre de 1988, en la familia formada por Adelina y Vittorio, a la que se

---

[1] https://www.carlottanobile.it/
[2] https://www.youtube.com/watch?v=M--BFYdQWio

sumó siete años más tarde Matteo, el hermano pequeño. Su madre define a Carlotta como una niña sensible, muy inteligente y muy profunda, siempre sonriente, abierta a los demás y especialmente disponible para el diálogo. Su padre subraya la luz y serenidad que transmitía su mirada.

Desde pequeña respiró la música –su madre era violinista– y, a partir de ahí, el interés por la belleza. Realizó los estudios primarios de la mano de las Hermanas del Niño Jesús de Praga y se matriculó luego en el Instituto Clásico mientras continuaba sus estudios en el Conservatorio. A los 17 años se graduó en violín y obtuvo la Licenciatura de Estudios Clásicos. Su familia, católica practicante, se ocupó de acercarla a los sacramentos y ella manifestó en sus diarios de niña un amor a Jesús verdaderamente sincero; pero en torno a los 16 años de edad esa fe se enfrió. Ella misma lo explicaba así: «Creo, pero la fe no forma parte de mi vida cotidiana».

Era una estudiante muy brillante, que combinaba la curiosidad con el estudio y el sentido del deber. Perfeccionó su habilidad para el violín con grandes maestros, estudió durante tres años Historia del Arte en la Universidad de la Sapienza (Roma), hizo un máster en Arte y Economía, amplió estudios con un curso sobre Arte español en la Universidad de Cambrigde, otro de Arte contemporáneo en el Instituto de Arte de Sotheby's en Nueva York y otro más en el Luiss Master of Art de Roma. Continuó su formación musical en Londres y en Salzburgo... La búsqueda de la belleza a través del desarrollo de su talento parecía no tener techo. Ganó premios nacionales e internacionales. Publicó un primer libro –*El silencio de las palabras escondidas*–, en 2012 publica otro, titulado *Oxímoron*, escribió poemas… A los 21 años fue nombrada directora artística de la orquesta de cámara de la Academia de Santa Sofía de Benevento…

Y el 5 de octubre de 2011, cuando profesionalmente estaba a punto de comenzar a recoger los frutos de su espectacular currículum, un invitado inesperado apareció en su vida: el melanoma. Primero lo vio como un castigo, no entendía nada: «¿Por qué a mí?» Ella siempre había procurado hacer el bien, no merecía algo así. Su hermano Matteo, que entonces tenía 14 años, se atrevió a responder a su pregunta: «No es un castigo. Es un reto del que saldrás más fuerte». Ella comenzó entonces una página anónima en Facebook, titulada *Il Cancro E Poi* (El Cáncer Y Después). Más adelante la convertirá en un blog, para compartir lo que está viviendo: «Un lugar virtual de encuentro e intercambio sobre esa experiencia de vida tan difícil pero extremadamente formativa que es el cáncer». A través de esa página, recibió un comentario —«¿Por qué no a mí?»— que le hizo atisbar que el cáncer puede ser un maestro y no un enemigo.

En un primer momento, el tratamiento consiguió algunos éxitos que permitían albergar esperanzas de curación, pero en marzo de 2012 aparecieron nuevas metástasis que indicaban que no se había superado el diagnóstico inicial: melanoma metastásico en estadio IV. Mucha gente rezó para pedir su curación. Su hermano habla también de la petición para que Carlotta tuviera fe… y de la eficacia de esas oraciones, que se manifiesta cuando despierta en Milán de una crisis cerebral causada por una metástasis: «Tuvo una iluminación de la que salió con una fe férrea, muy intensa».

Alternaba entonces su vida entre conciertos y hospitales. En mayo de 2012, junto con algunos de sus compañeros del *Luiss Master of Art*, creó un espacio dedicado al arte contemporáneo y sus múltiples relaciones con la música, el cine, la moda, la fotografía, etc., para ofrecer comentarios y esperanza a los pacientes, sin revelar que ella también estaba enferma.

No era nada amiga de las conversaciones consoladoras, ni de que la compadeciesen; pero sí hablaba con su madre de la enfermedad... sobre todo a través de mensajes de texto. Con ella compartió su convencimiento de que la fe no es un conjunto de obligaciones, sino un encuentro de amor con Cristo.

Y así llegamos al 24 de marzo de 2013, Domingo de Ramos, en la plaza de san Pedro. En su homilía, Francisco no solo invitó a los jóvenes a llevar la Cruz con alegría. También recordó que «Nuestra alegría no es algo que nace de tener tantas cosas, sino de haber encontrado a una persona, Jesús; que está entre nosotros».

Se encuentra sana por dentro, pero siente la necesidad de limpiar sus pecados en el sacramento de la Penitencia. Es una manifestación de la finura de su conciencia, y un eco de la seriedad con la que ha afrontado sus retos como violinista, historiadora del arte, escritora y bloguera. Para todos esos logros ha trabajado duro, y para estar cerca de Dios no basta con impresiones interiores más o menos sólidas: debe confesarse y recibir la gracia del sacramento. Cinco días después, el Viernes Santo, hacia las 13:30 h., Carlotta camina por la *Via del Corso* en Roma. Busca una iglesia en la que confesarse, ve abierta la *Chiesa Parrocchiale San Giacomo in Augusta*, entra y se confiesa. Don Giuseppe Trappolini, el párroco, cuenta que había estado a punto de cerrar la iglesia para ir a comer, pero recordó que el propio papa, en una reunión con sacerdotes el día anterior les había pedido que mantuviesen abiertas las iglesias el Viernes Santo para confesar a los que se acercasen con esa intención. «Es más —se dijo, al caer en la cuenta de que iba a cerrar la iglesia para ir a comer— también es día de ayuno hoy».

Además de confesarse, Carlotta cuenta su historia a don Giuseppe, el impacto que le causaron las palabras de Francisco, que le llevaron a preguntarse cuál era la Cruz que ella debía llevar con alegría, que sin duda era su cáncer. El sacerdote, sobrecogido al saber lo cerca que había estado de cerrar la iglesia, pidió permiso a Carlotta para contar su historia al papa. Don Giuseppe escribió una carta al Pontífice con la historia de Carlotta y el papa telefoneó a la parroquia para asegurar a la chica sus oraciones. Lo siguiente hubiera sido conseguir una audiencia para que contase directamente todo a Francisco, pero esto ya no fue posible porque la enfermedad entró en su última fase. Sí fue posible que escribiese al papa una hermosa carta:

> Querido papa Francisco,
> Usted me ha cambiado la vida.
> Me siento honrada y bendecida de poder llevar la Cruz con alegría a mis 24 años. Sé que el cáncer me ha curado en el alma, desenredando todas mis marañas interiores y dándome una inmensa Fe, Confianza, Abandono y Serenidad en el mismo momento de mayor gravedad de mi enfermedad.
> Confío en el Señor y, aún en mi difícil y tormentoso camino, siempre reconozco Su ayuda.
> Querido papa Francisco, tú me has cambiado la vida.

Quisiera dirigirle una petición... Tengo un inmenso deseo de reunirme con Usted y, aunque solo fuera un minuto, ¡rezar el padrenuestro junto a Usted!
"Danos hoy nuestro pan de cada día" y "Líbranos del mal" Amén.
Le confío este sueño mío a don Giuseppe y me fío de Dios.
Rece por mí, Santo Padre. Rezo por usted todos los días.
Carlotta

Entraba en la recta final. El 5 de abril de 2013 publicó en su blog un *post* titulado "¡Y entonces todo cambia!", al que pertenecen estas palabras:

Y entonces sucede así. En el momento exacto en el que has tocado de verdad el fondo emocional y físico, cuando el cáncer es más agresivo dentro de ti y parece querer ramificarse por todas partes. Sucede así, cuando sientes que ya no encuentras el hilo de nada, de tu interioridad, de tus proyectos, de tu querer seguir tu vida *normalmente,* dando siempre el máximo en todo, como si nada, sin decir nada.

Sucede así, en un instante, en un día cualquiera.

Tac. Solo un pequeño instante. Y toda tu vida cambia.

Y sabes que las palabras para explicarlo de verdad nunca las encontrarás. Y sabes que después de 24 años de interioridad retorcida, de buscar constantemente el máximo, fuera lo que fuera, estuviera donde estuviera, supusiera el sacrificio que supusiera para ti, después de enredos emocionales, de un compromiso y una disciplina indescriptibles, y de una perenne sensación de que todo lo que hacías en tu vida nunca era suficiente... En un instante lo entiendes todo. Todos los nudos se deshacen, todos los caminos se aclaran, todas las preguntas que no habías podido responder durante toda una vida se responden por sí solas.

Y sucede así, en un instante. En un instante sientes que cada mínimo centímetro cúbico de superficie visible ante tus ojos adquiere por fin ese valor único y precioso, y esa ternura absolutamente perfecta, que nunca le habías dado. En un instante te das cuenta de que no importa cuántas cosas hayas hecho en tu vida, ¡pero que tener cáncer y tener la oportunidad de vivir y luchar contra él es lo que más te enorgullece de tu existencia! Y te das cuenta de que la vida nunca te había parecido tan extraordinariamente maravillosa, tan única, tan impredecible, tan brillante, tan preciosa, tan plena, tan rica, que tu respiración nunca había sido tan consciente, que cada mínima emoción nunca te había resonado tanto. Y te das cuenta de que tener cáncer es tu verdadero orgullo, tu verdadero estandarte, tu verdadera oportunidad para crecer. Y te das cuenta de que, si realmente necesitaras todo eso para sanar en tu alma, entonces las tribulaciones del cuerpo estarías dispuesta a pasarlas mil veces más.

Y en un instante te das cuenta de que el cáncer te lo ha hecho llegar, que lo tenías en el alma desde niña, que estaba ahí al acecho listo para explotar en nombre de un lastre interior para el que nunca habías encontrado una resolución, que eran las relaciones no resueltas, las pérdidas nunca rellenadas, las insatisfacciones nunca sanadas, que te afligían y te complicaban.

Y en un instante te das cuenta de que fue ese mismo cáncer el que SANÓ TU ALMA, el que devolvió el orden a la verdadera esencialidad de tu vida, el que te devolvió la fe, la esperanza, la confianza, el abandono, el saber que por fin te habías convertido en lo que habías hecho –todo lo posible, durante toda una vida– por ser y nunca habías sido: ¡una mujer SERENA!

Comprendes que ha sido el cáncer el que finalmente te permitió amarte de forma incondicional, con todas tus fuerzas y todas tus limitaciones, disfrutar de cada pequeño instante, saborear cada momento, cada olor, cada sabor, cada sensibilidad, cada palabra, cada compartir, cada mínimo fragmento de infinito condensado en un instante banal y preciosísimo. Comprendes que fue el cáncer, con su tormento, con su agresividad, con su dureza lo que finalmente te trajo la LUZ.

Tac. Y entonces tu vida cambia. Así es. Y es un momento, un instante que resuelve.... TODO.

Estoy curada en mi alma. En un instante, un día cualquiera, al despertar de una crisis.

Volví a abrir los ojos y era otra persona. Y eso es un milagro.

Estoy curada por dentro. La persona que enfermó ya no existe.

Ahora sé que la curación del cuerpo llegará. Ahora sé que me quiero.

Y sé que tendré que luchar un poco más, que el camino sigue siendo cuesta arriba. Pero ahora por fin tengo claro y nítido dentro de mí quién soy, hacia dónde voy, qué quiero y cuál es mi proyecto.

Y con esta serenidad, esta fuerza, esta tranquilidad que siento en mi interior, ahora por fin sé por qué enfermé y por qué en mi alma ya estoy curada.

Si ha hecho falta esto, TODO esto para sentirme tan bien por dentro y ver la vida así, entonces estoy orgullosa, orgullosa y feliz de que me haya pasado a mí más que nada en el mundo.

Estoy curada en mi alma. ¡Y me considero la persona más afortunada del mundo!

Porque ahora amo mi vida INCONDICIONALMENTE y NUNCA la cambiaría por la de nadie más.

Porque ahora mi cuerpo, con el tiempo, sabrá curarse. Y entonces llegará mi Y DESPUÉS (recordemos que el blog se titula *El cáncer Y después*).

De esto estoy absolutamente SEGURA.

Las molestias aumentaron y el 15 de mayo tuvo que regresar a Benevento, para pasar con sus padres el tramo final de su enfermedad. Matteo evoca que volvió muy fastidiada, pero alegre, que intensificó la oración. Los dolores eran muy fuertes. Como quien escoge la *nube de tags* de un *blog*, su hermano resume que en esos últimos meses hubo «tres palabras clave: sonrisa, oración, gracias».

También menciona Matteo un desahogo de dos minutos y medio: «Carlotta dijo en voz alta: "¿Por qué a mí? ¿Qué he hecho mal para tener que soportar este dolor atroz que tengo ahora?" Fue el único momento así en tres meses de agonía». Y lo terminaron rezando juntos su oración favorita, el Padrenuestro. Ya en el mes de julio se confesó y comulgó por última vez.

La última noche de su vida, entre el 14 y el 15 de julio de 2013 —falleció en la madrugada del 16—, su padre la oyó susurrar repetidamente, mirando al techo:

«Señor, te doy gracias. Señor, te doy las gracias. Señor, te doy las gracias». Al día siguiente, pocas horas antes de su muerte, se despidió trabajosamente de sus seres queridos y de su prometido: «Mis tres maravillosos hombres: papá, Alessandro y Matteo. Mi dulce madre», y luego, acariciando la mejilla de su madre, «¡Qué más quiero! Soy afortunada».

3.
CHIARA CORBELLA

Una joven madre italiana que da su vida por sus hijos

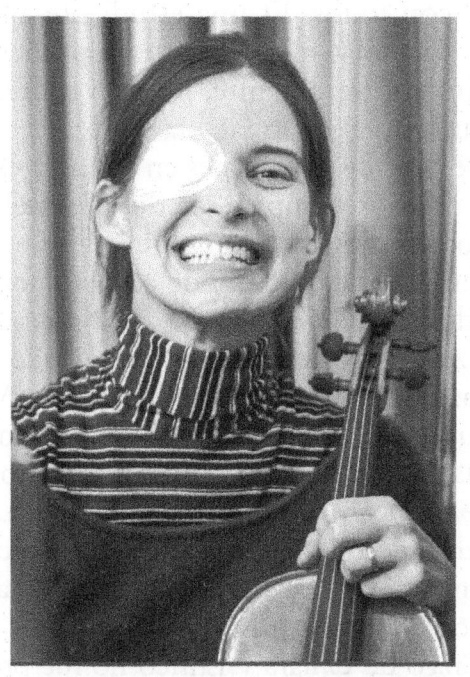

«NACIÓ EL 9 DE ENERO DE 1984 en Roma, fue la segunda de las hijas del matrimonio entre Roberto Corbella y Maria Anselma Ruzziconi; su hermana mayor se llama Elisa. Su bautismo se celebró el 5 de febrero en la iglesia *Santi Marcellino e Pietro al Laterano*, donde también hizo su Primera Comunión el 29 de mayo de 1994 y recibió su Confirmación el 8 de octubre de 1995» (Wikipedia).

Chiara, Elisa y su madre pertenecían a una comunidad de la Renovación Carismática llamada *Corazón de Jesús*. Desde pequeñas dedicaban al menos quince minutos diarios a rezar juntas. Poco más hay reseñable en la infancia y adolescencia de Chiara: se preocupa por su hermana, tiene amigos y amigas y un notable espíritu de servicio con todos. Es una estudiante aplicada que destaca en dibujo y música (estudia primero piano y luego violín) y viaja bastante, pues su padre trabaja en el sector turístico y eso lo facilita.

Chiara estaba de vacaciones en Croacia el verano de 2002, con algunos compañeros de la escuela secundaria, cuando decidió hacer una breve visita a la Virgen de la Paz en Medjugorje, donde su hermana mayor ya había estado. El 2 de agosto de 2002 conoció allí por primera vez a Enrico Petrillo (entonces de 23 años) y los dos comenzaron a salir. Enrico había ido a Medjugorje con un grupo en el que estaba su anterior novia, pero algo fue mal y rompieron allí mismo. Como dice el refrán, *a rey muerto, rey puesto*. El resumen que Chiara hace del flechazo muestra su admiración por los caminos de la providencia: «Quería hacer una peregrinación y no esperaba volver con novio».

El noviazgo de Chiara y Enrico no fue precisamente un camino de rosas, más bien fue como el Guadiana, ese río español que desaparece a la vista en sus tramos subterráneos y da nombre a personas y sucesos que tan pronto se ven como dejan de verse. En 2006 rompen *definitivamente*, en realidad luego vuelven a salir, pero vuelven a dejarlo, y así varias veces... Hay *emails* de «vamos a volver a intentarlo», largos espacios de «déjame que lo piense» y un buen día en que las lágrimas de Chiara ante Enrico rompen unas barreras que impedían un conocimiento mutuo, pactan darse una oportunidad y se apuntan juntos a una peregrinación de diez días que conduce a la Porciúncula de *Santa Maria Degli Angeli*, en Asís, el día del Perdón, 2 de agosto de 2008.

Llaman para inscribirse. Todo estaba ya ocupado, pero acaban de producirse dos bajas y pueden apuntarse. Atiende su llamada el padre Vito D'Amato, que los acompañará desde entonces con sus consejos y su oración.

El cansancio de las etapas de veinte kilómetros deja en segundo plano las molestias interiores que se han hecho en sus desencuentros. El camino solo permite llevar la mochila con lo imprescindible. Copio dos párrafos del libro *Nacemos para no morir nunca*[1], escrito a cuatro manos por sus amigos Simone y Cristiana:

«Enrico y Chiara tienen que dejar muchas cosas. El padre Vito está cerca de ellos durante la Marcha. Les dice que recen para que el Señor cure las heridas que se han hecho mutuamente. Y su oración es escuchada. "El sexto día de camino, sobre el mediodía estábamos caminando juntos, Enrico y yo", cuenta Chiara. "Él me miró y me dijo: *¿Nos casamos?* Yo también lo miré y le respondí: *Sí, Enri, vale...* Y pensé: *¡Pero si nos dejamos una semana antes de este viaje!* Él insistió: *No, hablo en serio: ¿nos casamos?* Y yo: *¡Enri! Sí... vale... de acuerdo.* Y pensé: *Este ha cogido una insolación*". Pero Enrico no bromea. Se aleja un poco del camino, coge un girasol y vuelve. "Hablo en serio: ¿nos casamos?". Chiara lo mira.

---

[1] https://www.palabra.es/nacemos-para-no-morir-nunca-1463.html

"Respondí: *De acuerdo* (y pensé: *si se acuerda mañana por la mañana*). ¡Se acordaba! Porque empezó a decírselo a los de alrededor...*»*.

Contrajeron matrimonio el 21 de septiembre de 2008 en Asís. D'Amato celebró la boda en la iglesia de *San Pietro*. Un mes después de su boda, supieron que esperaban un bebé. Ella acababa de comenzar un posgrado en ciencias políticas. La primera ecografía reveló que su hija tenía anencefalia —una carencia por la que moriría con seguridad poco después de nacer— y se les preguntó a los padres si querían abortar. Ambos se negaron a hacer esto y se mantuvieron firmemente concentrados en tener a su hija. Chiara y Enrico habían hablado mucho de su posible paternidad, habían vivido el noviazgo conforme al evangelio, con alegría, no como una carga, pero ahora debían decir sí a un sufrimiento... también con alegría. En las conversaciones entre ellos y con sus amigos habían expresado el deseo de hacerse cargo de niños maltratados a los que nadie amaba, y ahora Dios les pedía hacerse cargo de una criatura maravillosa, que muchos hubieran desechado, odiado y arrojado al cubo de la basura de un hospital.

Maria Grazia Letizia, nació el 10 de junio de 2009 y murió media hora después, tiempo suficiente para que el padre D'Amato la bautizara; su funeral se celebró el 12 de junio en la iglesia de Sant'Angelo in Pescheria. Chiara y Enrico acudieron vestidos de blanco, ella con el violín y él con la guitarra para cantar desde el coro. Durante la oración de los fieles, Chiara subió al atril para dar las gracias y mostrar su admiración por todas las oraciones y los buenos sentimientos que su hija había despertado durante su corta vida. Tras la Misa y el entierro, repartieron unos recordatorios con un mensaje redactado por Enrico y firmado por ambos:

Te hemos tenido en brazos
aunque solo por media hora.
No pensábamos que veríamos tu nariz,
igual que la mía,
ni tus manos y piececillos.
No hemos tenido tiempo de decirte muchas cosas.
Sabes que te amamos,
pero quizá no sabes que has nacido para la eternidad
y que yo no soy tu padre ni ella es tu madre.
¡Imagínate! Quien te ha deseado es nuestro Padre.
Sé que es un poco complicado, pero pronto lo entenderás.
La vida es maravillosa,
también por eso te hemos buscado.
Es maravilloso que ahora tú lo puedas entender;
no importa cuánto tiempo pasemos juntos,
a nosotros nos importa lo que serás.
Hay tantas cosas superfluas
que lo más importante es
hacer lo necesario para conocer al Padre
y prepararnos para ese encuentro.
Tú has nacido preparada,
no puedo decirte lo orgullosos que estamos de ti.
Te hemos acompañado hasta donde hemos podido,
ahora conocerás al Padre,
María Grazia y Letizia de nuestra vida. (en italiano *letizia* significa alegría)

Cinco meses después, Chiara se queda embarazada de nuevo. Una anencefalia en el primer hijo aumenta la probabilidad de que se repita en el segundo. Acuden con inquietud a la primera ecografía, en la que todo va bien. En la segunda, se observa que el niño no tiene piernas, pero la pareja una vez más estaba decidida a tener el niño, y se preparan para acoger a un hijo –Davide Giovanni es su nombre– con discapacidad. Investigan en internet y Enrico se hace todo un experto en prótesis para las piernas. Las exploraciones de febrero mostraron que el niño no tenía riñones y, por lo tanto, sus pulmones no podrían desarrollarse, lo que provocaría complicaciones respiratorias. Davide Giovanni, como su hermana, no podría vivir.

A pesar de esto, continuaron con el embarazo, el niño nació el 24 de junio de 2010, fue bautizado y murió 38 minutos después de nacer. Su funeral se celebró el 26 de junio en la iglesia de *Sant'Angelo in Pescheria*.

Unos meses después, Chiara escribió:

¿Quién es Davide?
Un niño que ha recibido de Dios una gran misión... la de vencer a los Goliats que hay dentro de nosotros; vencer nuestro poder de decidir por él y por encima de él, que ha demostrado que era así porque Dios lo necesitaba así; ha derrotado nuestro "derecho" de desear un hijo que fuera para nosotros, porque era solo para Dios;
ha vencido el deseo de los que querían que fuera el hijo del consuelo, el que nos habría hecho olvidar el dolor de Maria Grazia Letizia;
ha vencido la fe en la estadística de los que decían que teníamos las mismas posibilidades que otros de tener un hijo sano;
ha desenmascarado la fe mágica de quien cree conocer a Dios y le pide que sea un repartidor de caramelos; ha demostrado que Dios hace milagros, pero no con nuestra lógica limitada, porque Dios es algo más que nuestros

deseos (ha derrotado la idea de los que no buscan en Dios la salvación del alma, sino solo la del cuerpo; todos los que piden a Dios una vida feliz y fácil, que no se parece a la de Jesús).

Siendo así de pequeño, Davide se ha lanzado con fuerza contra nuestros ídolos y ha gritado a la cara de quien no quería ver; ha obligado a muchos a correr a los refugios para no ser derrotados.

Yo, en cambio, le doy gracias a Dios por haber sido derrotada por el pequeño Davide, porque el Goliat que había dentro de mí finalmente ha muerto gracias a Davide; ninguno ha conseguido convencerme de que lo que estaba ocurriendo era una desgracia, derivada del hecho que nos habíamos alejado de Dios, quizá inconscientemente. Doy gracias a Dios porque finalmente ha muerto mi Goliat y mis ojos son libres de mirar y seguir a Dios sin miedo de ser la que soy.

El 13 de octubre de ese mismo año, poco después de pedir el don de otro hijo junto a la cuna de Jesús, en la Basílica de Santa María la Mayor, Chiara se hace la prueba del embarazo y da positivo. Tras tus dos primeros hijos, han recibido muchos consejos desinteresados sobre cómo vivir su matrimonio e incluso sobre la conveniencia de abandonar la idea de tener sus propios hijos. No hay relación entre las patologías de Maria Grazia Letizia y Davide Giovanni, ellos no tienen problemas genéticos... y toman sus decisiones.

Los exámenes médicos muestran enseguida que Francesco nacerá en perfecto estado de salud. Sin embargo, en el quinto mes diagnosticaron a Chiara un tumor en la lengua y tuvo que someterse a una operación, con anestesia local para no dañar a Francesco.

Está satisfecha al saber que la operación no ha afectado a Francesco. Los días previos ha mostrado una actitud serena que causa admiración a los que la visitan, empeñada en que no se preocupen por ella; pero después de la operación pasa una noche terrible en la que, a solas con Dios, se desahoga. Así se recoge en el libro al que ya nos hemos referido antes: «Al recordar aquellas horas escribirá: "Así, sin poder hablar ni tan siquiera tragar saliva pasé la noche más larga de mi vida. Por dentro gritaba a Dios: *¿Por qué no me quitas el dolor? Sé que puedes hacerlo*. En cierto momento, delirando, me dije: *Dios no existe, de lo contrario no me haría esto*. Pero en ese momento experimenté un gran dolor en el corazón y me sentí sola como nunca me había sentido. Me dolió haber pensado eso"».

El aspecto del tumor no es nada esperanzador. Los resultados de la biopsia son todavía peores: «Carcinoma escamoso escasamente diferenciado (G3), infiltrado en el cuerpo lingual, con frente de invasión cohesiva. Se encuentra infiltración perineural y angioinvasión, en fase pT1, espesor máximo de la lesión ocho milímetros». Es uno de los tumores más agresivos y requiere tratamientos igualmente agresivos cuanto antes. Chiara se niega recibir tratamiento –a ella le irrita que se refieran a su hijo como *el feto* y no por su nombre– hasta que no haya nacido Francesco, que ya vive dentro de ella.

Francesco, nació a las 37 semanas de su concepción, el 30 de mayo de 2011, en perfecto estado de salud. Chiara fue operada el 3 de junio. El cáncer provocó pronto que le resultara difícil ver y hablar. En el año siguiente se sucedieron los tratamientos y las metástasis: no voy a recoger los detalles de estos meses en los que las nuevas malas noticias se mezclan con los consuelos de sentirse arropada por el cariño de su familia y sus amigos, especialmente de Enrico y el pequeño Francesco. El 4 de abril, miércoles Santo, recibe el diagnóstico terminal definitivo: ya no hay nada que hacer.

«Queridísimos amigos, como muchos de vosotros habéis sabido, durante la SEMANA SANTA me han hecho pruebas en el hospital y los resultados no han sido buenos. El tumor del que me operaron hace menos de un año se ha extendido a otras partes del cuerpo y humanamente no podemos hacer nada más, aparte de rezar mucho y pedir a Dios la fuerza para vivir santamente esta prueba. Así que hemos decidido ir a Medjugorje, ¡y pedirle a Él la Gracia! ¡Seguro que no volvemos con las manos vacías!».

El 17 de abril se muestra por primera vez ante todos en el aeropuerto con la venda en el ojo. Más de 170 personas la acompañan —aunque querían ir trescientas, en el vuelo *charter* no caben más—. En los dos días y poco de estancia las emociones son intensas: suben juntos al monte de las apariciones, renuevan los compromisos matrimoniales, rezan, piden y dan gracias. Tras la Misa del 18 de abril, Chiara y Enrico entregan a cada uno un rosario y una imagen de la Virgen, y hacen partícipes a todos de su secreto: «Sin María, nada de lo que hacemos sería posible».

En mayo tienen ocasión de contar su historia a Benedicto XVI durante la audiencia general en la plaza de San Pedro. La enfermedad avanza. Los dolores aumentan mientras crece su unión con Dios. «El padre Vito dijo que un cuerpo como el de Chiara, como el de Cristo, herido, perforado, sangrante, nos hace ver que no se vive porque se respira, sino porque se ama. La vida solo tiene sentido si te gastas por el otro. La fecundidad de Chiara es maravillosa, para ella, morir ha sido vivir de verdad».

Chiara falleció en su casa el mediodía del 13 de junio de 2012. Sus restos están enterrados junto con los de sus dos hijos en el cementerio Campo Verano, en Roma.

Su proceso de beatificación se abrió en Roma el 2 de julio de 2018, después de que el Cardenal Angelo De Donatis emitiera un edicto que establecía que la causa se introduciría en Roma y también nombraba a Chiara Corbella como Sierva de Dios. La apertura del proceso diocesano tuvo lugar el 21 de septiembre de 2018 en la Basílica de San Juan de Letrán, confiando en que los cristianos encontrarán en ella aliento y apoyo al servicio del amor y la vida conyugal.

4.
CLARE CROCKETT

*Una actriz irlandesa que decide hacerse religiosa
tras una estancia en España*

ES FÁCIL ENCONTRAR MATERIAL sobre la hermana Clare en internet, pues relató la historia de su conversión varias veces ante las cámaras. Nació el 14 de noviembre de 1982 y falleció el 16 de abril de 2016. Son especialmente completos el vídeo[1] y el libro[2] preparados por su congregación —las Siervas del Hogar de la Madre— sobre

---

[1] https://www.youtube.com/watch?v=sQv8db9xsks
[2] https://www.hermanaclare.com/es/su-vida/libros/9711-sola-con-el-solo

47

la vida de esta monja católica, que falleció a los 33 años junto con otras cinco chicas —Mª Augusta, Mayra, Jazmina, Valeria y Catalina, aspirantes a incorporarse a las Siervas—, por los efectos de un terremoto que desplomó la casa en la que estaban en Playa Prieta (Ecuador).

Aunque sea un lugar común a casi todos los capítulos de este libro, debo comenzar con más motivo que en otros casos remitiendo a la bibliografía: la vida de la hermana Clare fue muy rica bajo varios puntos de vista e intentaré reflejarlo en estas líneas; pero esto no es más que un resumen de algo que merece un vídeo de hora y media y un libro de 400 páginas.

Tal vez sea necesario comenzar por Derry, la ciudad natal de Clare, y no es fácil hacerlo sin mencionar el conflicto del que esta ciudad ha sido testigo privilegiado desde el siglo XVII. Allí se refieren a *The troubles* —los problemas— para mencionar el enfrentamiento entre nacionalistas católicos y unionistas protestantes: una historia dolorosa de desencuentros que, al menos en su parte más sangrienta, parecen ya solucionados, a Dios gracias. Aunque Clare no vivió el conflicto con la intensidad de sus padres o abuelos, los problemas estaban vivos durante su infancia y, digamos que los llevaba en la sangre.

En el vídeo, algunos de los que participaron, cuentan detalles del viaje que hicieron a Irlanda en el verano de 2010 desde la escuela de Jacksonville (USA) en la que trabajaba entonces la hermana Clare. Una de las chicas dice «Recuerdo que todo en Irlanda era muy bonito, muy verde y montañoso, y después llegamos a Derry... y había grafitis por todas partes, las vallas tenían alambres».

48

En el libro que he mencionado más arriba se cuentan dos anécdotas sobre esto: «Clare había crecido en un ambiente en el que el odio y la violencia eran comunes. Ahora debía cambiar su corazón y aprender a amar sin excepciones. Una hermana siempre se preguntaba por qué Clare se presentaba como irlandesa y no como inglesa si era de Irlanda del Norte, que pertenecía al Reino Unido. Ingenuamente, le preguntó: "Pero, vamos a ver, ¿tu pasaporte es inglés o irlandés?". Clare se puso muy seria y la miró fijamente a los ojos en silencio. Después de unos segundos respondió: "Si le haces esa pregunta a otro miembro de mi familia, te aseguro que te mata". Se dio la vuelta y se fue sin más explicaciones.

Obviamente, esa hermana no tenía una idea clara de los conflictos históricos de Irlanda del Norte y el impacto que estos habían tenido sobre la población local y su identidad nacional. No sabía nada del Acuerdo del Viernes Santo de 1998, que puso fin a los problemas y permitió a los católicos tener un pasaporte irlandés. Sí que se dio cuenta, sin embargo, de que su pregunta había tocado una herida abierta y se aseguró de no volver a sacar el tema. Sin embargo, cuando Clare volvió a ver a esta hermana, estaba igual de sonriente que siempre, como si nada hubiese pasado. La pregunta le había ofendido en el momento, pero no tuvo un efecto en su relación».

La otra se refiere al chófer del autobús que las llevó por Irlanda en el mencionado viaje del verano de 2010, que era protestante: «La Hna. Clare estuvo muy pendiente de él y de su sensibilidad. Por ejemplo, visitaron diferentes lugares relacionados con los mártires católicos irlandeses, uno de los cuales era la Roca de Cashel, una catedral donde los habitantes católicos de la zona habían sido masacrados junto a su párroco por la armada inglesa, a mediados del siglo XVII, después de haberse refugiado allí. Son considerados mártires porque prefirieron morir a convertirse al protestantismo y reconocer al rey inglés como cabeza de la Iglesia. Cuando el conductor escuchó esta historia quedó muy impresionado. La Hna. Clare le explicó que no tenían nada en contra de los protestantes, pero que esos acontecimientos eran hechos históricos. Al día siguiente, el grupo visitó *Berrings Mass Rock*, el lugar donde, durante el tiempo de la persecución, se celebró Misa en secreto, y donde un sacerdote había sido martirizado. En otro momento de la peregrinación, la Hna. Clare le preguntó al padre Colum si tenía alguna sugerencia para dar una charla a las chicas en el autobús. Él le ofreció un artículo sobre la persecución de la Eucaristía en Irlanda, con casos concretos de torturas brutales y martirios llevados a cabo por el régimen inglés protestante. Ella respondió que no quería dar esa charla en el autobús estando presente el conductor.

Es sorprendente lo que la Hna. Clare cambió en este aspecto. Desde que era una niña, le había sido inculcado un odio profundo por todos los protestantes. Sin embargo, al entrar en las Siervas, había aprendido que debía tener un amor universal, deseando la salvación de las almas y perdonando en el Señor todo lo que tuviera que ser perdonado. Y ella, verdaderamente, había perdonado, hasta el punto de que ahora se encontraba con un protestante del norte de Irlanda y era capaz de estar pendiente de él, de su sensibilidad religiosa, evitando abrir heridas.

Ciertamente, no había olvidado su origen católico. Las injusticias que habían ocurrido no le eran indiferentes. Durante la peregrinación, David Cameron, el primer ministro del Reino Unido, emitió una disculpa oficial por los disparos "injustificados e injustificables" del llamado "Domingo Sangriento" en Derry, 38 años antes. La Hna. Clare se acercó al padre Colum para preguntarle si había escuchado la noticia. Ella no era políticamente indiferente. Y, aun así, el Señor había cambiado su corazón y la había hecho estar atenta a la sensibilidad de un protestante, queriéndolo en el Señor.

El conductor estaba particularmente asustado al entrar en la ciudad natal de la Hna. Clare, el día octavo de la peregrinación, ya que la matrícula del autobús revelaba su procedencia de una localidad protestante. Estaba convencido de que le iba a pasar algo al autobús. Él mismo tenía miedo de bajarse, especialmente cerca de Bogside y Brandywell. La Hna. Clare pidió a su familia que estuvieran pendientes de él. Al final, hasta aceptó la invitación de la Hna. Clare para asistir a sus votos perpetuos y viajó con su familia a España en septiembre de ese año», gesto que manifiesta por sí solo la admiración que produjo en un chofer protestante la comprensión de una monja católica, ambos de Irlanda del Norte.

Sobre la infancia y adolescencia de Clare, prácticamente todo lo que sabemos es poco ejemplar: se escaqueaba de los encargos en casa, estudiaba lo justo y aprobaba con poco esfuerzo, robó un cuaderno con las soluciones a unos ejercicios de matemáticas, empezó a fumar muy pronto, decía que iba a Misa los domingos pero en realidad se iba a jugar con sus hermanas, tenía un DNI falso para entrar en las discotecas... No se salva ni el día de su primera Comunión, del que recuerda su entusiasmo por el vestido de princesa con el que iba a recibirla y la fiesta con la que se celebraría. Y tampoco parece enderezarse con motivo de la Confirmación: firmó ese día una promesa ante el obispo de no beber hasta los 18 años, pero incumplió la promesa en apenas un año, cuando solo tenía 12. En resumen, Clare era muy simpática y muy teatrera, una verdadera líder entre sus hermanas pequeñas —era la mayor de tres— y sus amigas; pero era un completo desastre.

Quería ser famosa y millonaria, e iba bien encarrilada en ese sentido, tal vez no porque consiguiera una chaqueta roja de cuero —que pensaba atraería irremediablemente la fama—, ni porque triunfase al fundar con tres amigas una banda de *rock and roll* llamada "Los ángeles eléctricos" —el grupo se disolvió tras su primera y última actuación durante el 40 cumpleaños de un tío suyo—, sino porque siguió con atención las clases optativas de teatro en su instituto —la profesora recuerda bien su carisma, su simpatía, su creatividad, su talento innato y «su sentido del ritmo de la comedia»— y con 15 años obtuvo su primer trabajo como presentadora del Canal 4.

A los 16 años le ofrecen un trabajo de presentadora en Nickelodeon. La oferta era muy tentadora, pero se lo pensó y la rechazó: ella lo que quería era ser actriz. «Si realmente quiero llegar a Hollywood, tengo que dejar de aceptar trabajos como presentadora». La oferta económica era fabulosa, pero no estaba dispuesta a cambiar sus sueños por dinero. Consiguió un trabajo en un bar por el que ganaba 20 libras a la semana, suficiente para sus gastos, fundamentalmente tabaco y alcohol.

En enero de 1999, con 16 años, participó en un retiro de un grupo católico llamado COR (*Christ in Others Retreat*) invitada por unas amigas. Todo le resultó sorprendente, sobre todo la experiencia de la adoración eucarística y la oración, e hizo sus propósitos —«Mi compromiso es intentar seguir en COR e ir a Misa los domingos, intentar ser mejor en casa y en clase»—, pero le duraron poco, aunque había hecho algunos amigos e iba a menudo a las reuniones de COR. En una de esas reuniones, escuchó a unas monjas que hablaron de vocación; una de sus amigas resumió ante las demás lo que había entendido: «A ver... Tener vocación significa que tienes que ser monja». Era la última cosa que Clare hubiera querido hacer en su vida. En 2003 explicó lo que sintió en ese momento: «Oh, las monjas tienen 82 años y llevan gafas del tamaño de una ventana y rezan todo el día».

Así llegamos a la Semana Santa de 2000. Su amiga Sharon Doherty, una de las que la habían llevado por COR, se apuntó para ir a España a una peregrinación, pero unas semanas antes fue operada de apendicitis, por lo que no podía ir. «Clare, ¿quieres ir a España? Ya está todo pagado». Ella aceptó, ilusionada con la posibilidad de pasar diez días de fiesta bajo el sol español, y cuando se dio cuenta de que era una peregrinación a un monasterio en Priego (Cuenca) ya no pudo echarse atrás.

Veamos lo que dice Wikipedia sobre lo ocurrido en Priego: «Luego de una experiencia religiosa el Viernes Santo de 2000, sucedida en España, vivió una conversión acelerada y cada vez más fuerte hacia un catolicismo auténtico, lo que la hizo transformarse en una muy buena persona, y en una fiel seguidora de Jesucristo, todo esto mezclado con una forma de ser muy alegre, y que le gustaba hacer reír a los demás. Esa conversión auténtica fue la que la hizo optar por convertirse en religiosa, y entró en el convento de las Siervas del Hogar de la Madre en España, donde recibió el nombre de Clare María de la Trinidad y el Corazón de María».

El resumen es sustancialmente cierto, aunque deja mucho entre líneas. Se podría decir que, en general, Clare pasó los días de Priego más perdida que un pulpo en un garaje. No entendía prácticamente nada de lo que allí se hacía y pasó la mayor parte del tiempo en su habitación o fuera del monasterio, tomando el sol y fumando. Cuando asistía a alguna reunión, se dedicaba a hacer chistes... hasta el Viernes Santo. Ella misma lo escribió en 2014:

Llegó el día de Viernes Santo. Asistí a los Oficios de este día con una actitud totalmente pasiva. Se presentó el momento en que todos los que estaban en la iglesia se pusieron en fila en el pasillo central de la iglesia para la adoración de la cruz. Vi que algunos hacían la genuflexión y después besaban los pies de Jesús clavado en la cruz. Era la primera vez que veía algo así. Yo también me puse en la fila, no movida por ningún impulso piadoso ni fervoroso; simplemente lo hice porque era lo que tocaba hacer. Cuando fue mi turno, me puse de rodillas y besé los pies de Jesús. Aquel sencillo acto no duró más que unos diez segundos. Besar la cruz, algo aparentemente trivial, tuvo un impacto muy fuerte dentro de mí. Tertuliano escribió: «En la acción de Dios no hay nada que desconcierte tanto la mente humana como la desproporción entre la sencillez de los medios usados y la grandiosidad de los efectos obtenidos». Yo no sé explicar exactamente lo que pasó, no vi ningún coro de ángeles ni ninguna paloma blanca que venía desde el techo hacia mí, pero tuve la certeza de que por mí el Señor estaba en la cruz. Y junto con esta convicción, me acompañó un vivo dolor, algo similar a lo que había experimentado de pequeña cuando hacía el viacrucis. Al regresar a mi banco, yo ya tenía una huella dentro que no tenía antes. Yo tenía que hacer algo por Él, que había dado su vida por mí.

No podía dejar de llorar: «La única manera en que yo podía consolar lo que yo estaba viendo en la cruz era con mi vida. Ya no valía hacer chistes, ni hacer un teatro bonito para consolarle. Nada, nada de lo que yo pudiera hacer podía consolarle, solo darle mi vida». Veía clara su vocación. Le pidieron que compartiera su experiencia y lo explicó a todos, micrófono en mano: quería ser famosa, «pero hace una hora yo quería ser monja también. Así que me he dicho a mí misma: seré una monja famosa».

La Semana Santa terminó, regresó a Derry y volvió a su vida de siempre. Acudió a la JMJ de 2000 en Roma con el grupo del Hogar de la Madre y allí se reafirmó en su intención de ser monja; pero volvió de nuevo a su casa y de nuevo a su vida de siempre... o incluso peor que siempre: Antes de salir, ella y sus amigas, bebían en casa de una de ellas. Algunas veces ya estaba borracha antes de llegar a los bares, y no podía ni hablar. Empezó a querer salir más a menudo que el resto de sus amigas. Como ellas solo salían los sábados por la noche, empezó a salir con el hermano mayor de una de sus amigas. «Me gusta mi vida. Me gusta mi carrera de actriz. Me encantan mis amigos. Me encanta todo lo de este mundo. ¿Por qué me sigues persiguiendo?», clamaba a Dios cuando estaba sola, con los ojos llenos de lágrimas. Y Él respondía en su interior: «No quiero que mueras. Te quiero para mí. Tu corazón tiene que ser mío por entero».

La claridad con que ella sentía lo que Dios pedía era tremenda: «Clare —se cuenta en su biografía— estaba, como siempre, de fiesta con sus amigas. Había bebido y, por accidente, vertió su copa sobre la falda de una amiga. Las dos fueron juntas al servicio. Como Clare se encontraba mal, entró a vomitar. Había tres baños y ella se metió en el del medio. Estando dentro, pensando que iba a vomitar, sintió, de repente, que alguien la estaba mirando. Fue una impresión tan fuerte que inmediatamente alzó los ojos pensando que su amiga había entrado en otro de los baños y la estaba observando desde arriba para ver qué estaba haciendo. Pero no vio a nadie. Era el Señor quien la estaba mirando. Entonces le habló al corazón con estas palabras: "¿Por qué me sigues hiriendo?"».

Durante este año, consiguió su primer papel en una película. Estuvo en Manchester en 2001: su papel era secundario en una escena rápida, pero el director reconoció su talento. Además, un chófer fue a recogerla al aeropuerto y se alojó en un hotel de cinco estrellas... lo pasó muy bien, pero eso no la llenaba. Una de las noches de Inglaterra, se pasó de la raya con la bebida y decidió quedarse en el hotel. Sentada en la cama, se echó a llorar: «Recuerdo que lloré horas y horas, y no podía parar. Sentía en ese momento que lo tenía todo: tenía muchos amigos, tenía novio, estaba teniendo mucho éxito en el mundo de la actuación, tenía dinero... ¡Podría haberlo hecho muy bien! Sentí en ese momento que lo tenía todo y, al mismo tiempo, sentí un gran vacío dentro de mí. Sabía que lo que estaba haciendo nunca me iba a llenar. Recordé la llamada del Señor: "Quiero que vivas así". Sabía que hacer lo que Él me había dicho, lo que me había pedido, era el único modo de llenar ese gran agujero».

Y decidió dejarlo todo y marchar a España al terminar el Instituto. Su último examen fue el 16 de junio de 2001 y dos días después ya estaba con las hermanas del Hogar de la Madre. El 11 de agosto de 2001 fue recibida como candidata, siguieron dos años de noviciado, cinco de votos temporales, que se renuevan anualmente el 8 de septiembre, día de la Natividad de la Virgen, y en 2010 hizo sus votos perpetuos.

La historia de la hermana Clare a partir de 2001 es una apasionante aventura de alegría, oración, servicio y amor; de purificación y simpatía arrolladora; de dudas, lágrimas y fraternidad con sus hermanas y con todos, especialmente los jóvenes y los niños, los más necesitados por la pobreza, la enfermedad, la soledad o la indiferencia religiosa; de obediencia, creatividad, juegos, bromas, noches de adoración eucarística, estudio, lecturas y rosarios... A la hermana Clare le importaba cada persona que tenía delante, pero por su vocación de Sierva del Hogar de la Madre, y por sus dones particulares para el apostolado, ella priorizaba a los jóvenes y a los niños. Quería ponerles en el camino de la verdad, de quitarse las máscaras y vivir para Dios de Verdad. Quería ayudarles a encontrar el sentido de su vida que solo podemos encontrar en Dios.

No todo fue de color rosa en su vida. Tuvo que pasar tiempo hasta que sus parientes comprendieran su vocación. También tuvo baches de sequedad espiritual y de dudas, varias noches oscuras; pero vivió y murió muy feliz, mientras tocaba la guitarra y cantaba junto a sus compañeras. Había firmado un cheque en blanco y Dios puso la cantidad: todo.

Alguien podrá sentirse decepcionado por este resumen, que si fuera de la vida de un matrimonio se podría decir que termina con la declaración de amor y nos deja sin la boda y todo lo maravilloso que viene después. Lo comprenderé, pero invito al lector a conocer de primera mano la vida de esta simpatiquísima monja irlandesa. En el libro que ya he citado varias veces se recogen muchas notas de sus cuadernos, se dan detalles de sus reflexiones en torno a días de retiro y ejercicios espirituales, se habla de cómo se preocupaba por que su incesante actividad no eclipsase su trato con Jesús, de la purificación de sus gustos, de sus valiosas y profundas lecturas... de cómo amó sin reservas y fue correspondida.

Durante los quince años de entrega de la Hna. Clare compatibilizó su formación, su vida de oración y dedicación a todos, especialmente a los jóvenes y a los niños, en diferentes destinos de España, USA y Ecuador. En este último país, las Siervas del Hogar de la Madre tienen actualmente cuatro comunidades: una en Guayaquil y tres en Manabí: Playa Prieta, Chone y Portoviejo. Precisamente en Playa Prieta, donde las hermanas dirigen el Colegio "Sagrada Familia", es donde fallecieron la Hna. Clare y las cinco postulantes. Otras cinco mujeres –tres hermanas y dos postulantes– resultaron ilesas o sufrieron heridas leves. Todas ellas, además del trabajo en el Colegio, realizaban a diario una importante labor humanitaria y de evangelización, que se había multiplicado en los días precedentes al seísmo a causa de las fuertes inundaciones que habían ya devastado la zona, dejando a numerosas familias en una situación de total desprotección.

5.
ELENA CALERO BAAMONDE

El alma de un grupo parroquial de jóvenes
que muere de leucemia a los 23 años

COPIO LA BIOGRAFÍA DEL DORSO de la estampa para la devoción privada:

Nació en Cádiz el 6 de diciembre de 1990, recibió el bautismo el día 6 de enero de 1991. A los 8 años se trasladó junto a su familia a Alcalá de Henares. En esta ciudad se incorpora a la parroquia de San Pedro Apóstol, donde pudo vivir en comunidad la fe junto a otros jóvenes. Joven universitaria, destacaba por su dulzura, amabilidad, sus hondas convicciones, su profunda fe en Dios, y su trato amoroso con el Señor, a quien buscaba con todo el anhelo de su corazón, sin otro deseo que conocer su voluntad y hacer en todo lo que a Él más le agradara.

En junio de 2013, cuando solo tenía 22 años fue diagnosticada de leucemia. Asumida esta enfermedad, Elena tomó esta cruz, viendo que Dios la llamaba a "seguirle más de cerca, sin miedos, sin dudas, solo con amor". Durante ese año, y con continuos altibajos e ingresos hospitalarios por enfermedad, siguió participando en la vida parroquial, acudiendo asiduamente a los sacramentos y colaborando especialmente, junto a los sacerdotes, en el cuidado de los más jóvenes. A ellos les transmitió el amor por la Eucaristía y el cuidado por los sacerdotes.

El proceso de su enfermedad y muerte son un testimonio de una vida vivida en el seguimiento de Cristo llegando hasta la donación total de su persona a Dios. El 15 de septiembre de 2014 se ofreció a Dios como víctima, para hacerse partícipe de los sufrimientos de Cristo. Así lo dejó escrito en su diario espiritual, con una detallada lista de aquellos por los que de modo singular se ofrecía en holocausto de amor, especialmente por la santidad de los sacerdotes, por las vocaciones al sacerdocio y a la vida consagrada.

Su estado de salud fue empeorando gravemente día tras día, hasta que entregó su alma el jueves 20 de noviembre de 2014, a las 19,20 horas. Su cuerpo reposa en el cementerio Jardín de Alcalá de Henares.

Según cómo se busque *Alcalá de Henares* en Google, el hilo puede conducirte al nacimiento de Cervantes —o a la concesión anual del Premio que lleva su nombre y entregan los Reyes de España—, al martirio de los niños

Justo y Pastor durante la persecución de Diocleciano (siglo IV), a la creación de la Universidad Complutense por el cardenal Cisneros en 1499, o a los problemas generados por reyertas entre bandas durante las fiestas patronales del año pasado. Así es Google... y así es Alcalá.

En esa ciudad normal (bueno, normal, pero con casco histórico y Universidad declarados Patrimonio de la Humanidad por la Unesco) vivió Elena, una chica normal de una familia normal, que participaba con entusiasmo e iniciativa en el grupo de jóvenes de su parroquia (y que afrontó de forma admirable una enfermedad terrible que se la llevó al cielo).

Son bien fáciles de encontrar en internet tanto su vídeo biográfico *A Él la gloria*[1] como el libro *Cantaré eternamente las misericordias del Señor*[2]: todo lo que voy a resumir en estas líneas procede de esas dos fuentes, que recomiendo consultar directamente para conocer la vida llena de riqueza de esta chica que hizo de la vida ordinaria algo realmente extraordinario.

Elena nació en una familia cristiana y comenzó a vivir con naturalidad las costumbres y prácticas de piedad que sus padres enseñaban a sus tres hijas. Su padre, Salvador, dice que era tranquila, alegre, pacífica, positiva... y muy meticulosa. Lidia, su madre, resume el carácter de Elena con una sola palabra: sencillez. Sus hermanas subrayan la normalidad de su relación con su hermana mayor.

En el vídeo hablan también varias personas de su principal grupo de amigos, los jóvenes de la parroquia

---

[1] https://www.youtube.com/watch?v=zURznr52ucY

[2] http://www.corazones.org/z_imagenes/new_page/sierva_de_Dios_elena_calero/Libro%20Elena%20Calero.pdf

de San Pedro: entre ellos nadie habla de la *normalidad* de Elena. Más bien señalan que era el alma del grupo. Una amiga recuerda que nunca se había planteado ir a Misa además de los domingos y que con naturalidad Elena empezó a proponer ir a Misa algún día entre semana: «¿Por qué no quedamos el miércoles, vamos a Misa y después tomamos algo?» Y así, poco a poco, fue prendiendo en el grupo la Misa diaria. Otro menciona lo bien que cantaba o la seguridad que daba tocar la guitarra junto a ella, aunque no se acertase con el tono más adecuado (y otros carraspeasen en señal de protesta). Nunca se quejaba. Al plantear un objetivo del tipo que fuese, recordaba siempre que lo primero es la oración, y conseguía hacerlo sin resultar pesada. Y para Federico —su novio ¡desde el Instituto, en 2006!— nada de *normal*: Elena es «una persona realmente fuera de lo común, excepcional; una chica con un espíritu muy joven, muy animado, muy alegre; que sabía disfrutar mucho de las cosas sencillas».

Y así llegamos a junio de 2013. Elena acababa de terminar la carrera: se había graduado en ADE (Administración y Dirección de Empresas) y en la empresa en la que había hecho las últimas prácticas tenían interés en contratarla... Aparecieron unas molestias: cansancio, ardores... y su madre la acompañó al médico. No estaba claro cuál podía ser la causa, tal vez una anemia. Un análisis de sangre encendió las alertas: la llamaron para hacer una punción lumbar de urgencia que permitió realizar el diagnóstico ya en 2014: leucemia mieloide crónica. Sobre ese momento, ella apuntó más adelante en su diario: «El Señor me llama a que le siga cada vez más de cerca, sin miedo, sin dudas, solo con amor».

Pese a que la palabra leucemia no es precisamente una declaración de amistad, el pronóstico era bueno y enseguida le prescribieron un medicamento capaz de mantener a raya la enfermedad en un 97 % de los casos. Pero «ella lo vio como una llamada del Señor desde el minuto uno. Repetía mucho: *Dame fuerzas para vivir esto*», comenta Fermín, el sacerdote con el que hablaba desde los 16 años.

Tuvo que pasar un tiempo en el hospital y luego seguir en casa con el tratamiento. Hubo ingresos, transfusiones de sangre, pruebas. Desde el inicio de la enfermedad se mostró abandonada en las manos del Señor. Durante este tiempo, aún con las limitaciones de la enfermedad, que la hacían estar cansada y fatigada y tener fuertes dolores, no dejó de ser *el alma* del grupo de jóvenes de la Catedral. Acudió a la peregrinación a Roma con ocasión del Año de la Fe (en agosto de 2013) y al Santuario de Covadonga (en julio de 2014). De esta peregrinación, a su vuelta, escribía: «COVADONGA: ¡Gracias Señor! ¡Benditos frutos! ¡Bendita la Madre de Jesús!»

El 15 de agosto de 2014 Elena asistió con su familia a la Eucaristía para celebrar la Solemnidad de la Asunción de Nuestra Señora; durante la celebración comenzó a sentirse bastante indispuesta y tuvo que sentarse; pero permaneció allí mientras duró, ya que quería vivir este día tan grande con María y poder recibir al Señor en la Sagrada Comunión. Ese mismo día de la Asunción de la Virgen fue ingresada. El motivo del ingreso se debió a unos dolores fortísimos de espalda, que resultaron ser causados por células cancerígenas que aplastaban la médula espinal. Se vio como única solución hacer un trasplante. Para ello, se requería una preparación a través de la quimioterapia. La quimioterapia consistía en un único tratamiento aplicado 24 horas durante 6 días.

El 15 de agosto de 2014 quedó ingresada en el hospital. Durante este tiempo, las anotaciones en su cuaderno nos hablan de una entrega total a la voluntad de Dios y de que ese era su único deseo, hacer su voluntad. Así, pues, escribe: «Volver al "sí" en cada momento. Abandonarse absolutamente. No hacerse una idea de cómo tiene que ser todo en nuestra vida, sino intentar abandonarnos, dejarnos amar por el Señor y que Él nos conduzca. "Aquí está mi cuerpo yaciendo". Te lo ofrezco, Señor. Es un acto sacerdotal» (septiembre 2014). Ella se despoja totalmente de sí misma, y quitando el *yo* permite que sea Cristo quien reine en Ella y quien lleve a cabo su obra. Dice así: «Ya contigo, ¡lo puedo todo!».

El 3 de septiembre envió un email a sus amigos del grupo de jóvenes de la parroquia: se muestra esperanzada por la eficacia del tratamiento que va a recibir, pide y ofrece oraciones, subraya los detalles importantes... y, salvo por el uso de las exclamaciones y las mayúsculas, refleja una madurez y un sentido sobrenatural poco común en una chica que se dirige a su grupo de amigos:

> Durante un buen tiempo no me veréis con vosotros por un motivo: estaré ingresada en el hospital, ya que, gracias a Dios, los médicos han encontrado un donante de médula. No sé cuándo será el trasplante, pero sí os puedo decir que pronto. Eso sí, es un proceso largo ya que poco a poco mi cuerpo tendrá que ir aceptando la donación. Sabéis que somos únicos y entenderéis que cada persona necesita su tiempo de recuperación. Hablar de fechas es

muy complicado. Sí os puedo decir que hace dos semanas empecé con el primer tratamiento de preparación al trasplante y actualmente me encuentro algo débil, pero muy bien, con la paz del Señor.

Os pido que recéis no solo por mí, sino también por mi familia, por los médicos que me atenderán y demás personal del hospital y por supuesto por esa persona que me dona su médula. Dad gracias a Dios porque finalmente se cumple Su Voluntad y porque derrama cada día su Infinito Amor en vosotros y en mí.

Como os he dicho, es un proceso largo, de varios meses, por lo que si queréis poneros en contacto conmigo os pido lo hagáis de forma escalonada. Intentad no cargar a muchas preguntas a mis hermanas o padres cuando los veáis. Entended que también ellos están cansados y sobre todo, que las noticias importantes llegarán en su momento. Yo misma me encargaré de que estéis debidamente informados. Si Dios quiere, pronto estaré con vosotros presencialmente.

Lo más importante que quería decir de todo, ¡¡¡¡CUENTO CON VUESTRAS VALIOSAS ORACIONES!!!! No sabéis cuánto me anima saber que estáis conmigo en oración. Acordaos siempre de la comunión de los santos, del poder de la oración cuando rezamos unos por otros. Por supuesto, ¡contad vosotros con las mías! ¡Estamos unidos en el Corazón de Cristo! Que Nuestra Madre nos ayude a mantenernos siempre unidos en Él. Os deseo de todo corazón un buen inicio de curso a cada uno de vosotros, especialmente a los que comenzáis en la universidad y los que tenéis por delante distintos cambios con respecto al curso anterior. Acordaos que los cambios son buenos, pero poniéndolos siempre en las Manos del Señor, y qué mejor que en la oración de este próximo viernes.

Unidos en el Sagrado Corazón de Jesús y el Inmaculado Corazón de María,

Y NO OS OLVIDÉIS... de rezar por el Seminario Mayor y Menor, corazón de nuestra Diócesis.

Y el 15 de septiembre, conforme disminuyen las esperanzas de curación, anota en su diario:

Ahora pudiendo hacer muchas cosas, hago la única y más necesaria de todas las cosas: Ofrecer mi vida como Jesús en la Cruz para salvar a muchos.
Por ello, todo lo dejo a los pies de la Cruz.
Todo es santificado y renovado en la Cruz.
REZAR:
Por Bea.
Por los sacerdotes, de ejercicios del 15 al 20
Por la paz
Por los hermanos perseguidos en Iraq y Siria.
Por los enfermos.
Por el grupo de jóvenes de S. Pedro.
Por la parroquia de S. Pedro.
Por los afligidos en cuerpo y espíritu.
Por las vocaciones al sacerdocio y la vida consagrada.
Por la santificación de los sacerdotes.
Por el seminario Mayor y Menor de Alcalá.
Por los que no conocen la verdadera fe, son indiferentes o tibios en la fe.
Por las familias (también la mía).
Por las benditas almas del purgatorio.
Por los profesionales.
Por los gobernantes.
Por la conversión de todos, que podamos poner el corazón solo en Cristo.

Y le hacía una petición al Señor:

«¡Regálame el don de ser consciente de la cruz salvífica!».

A partir de este momento poco más había que decir. Ella había abrazado el cáliz que el Padre le había preparado. Y lo hacía sin quejas, sin lamentos, llena de paz y serenidad. Antes del trasplante, los médicos le explican que la quimioterapia de preparación no había ido bien y que el trasplante solo tenía un 10 % de probabilidad de éxito. Su reacción ante esa noticia fue pedir ayuda para decírselo a sus padres: su dolor pasó a un segundo plano. Una impresión análoga tienen todas las personas que la trataron esos días en el hospital de la Princesa.

Su cuerpo reaccionó al trasplante de manera contraria a lo deseado: se produjo un rechazo total. Sufrió una cefalitis, que le hizo perder poco a poco la capacidad de hablar y moverse; sus órganos iban fallando uno tras otro. A pesar de ello, seguía mostrando que por dentro lo único que deseaba era hacer la voluntad de Dios, unirse a Cristo y recibirle. Un día, cruzaba los dedos formando una cruz. Al principio, su madre no conseguía adivinar qué era lo que quería decir hasta que, por fin, le preguntó: «Elena, ¿quieres recibir a Jesús?». Elena respondió como pudo: «Sí». Ese mismo fin de semana, Fermín, su director espiritual, apareció en el hospital con monseñor Juan Antonio Reig, obispo de Alcalá, quien le administró la unción de los enfermos y de sus manos recibió su última comunión. Después, entró en la última etapa de su vida. El Señor tomó en serio su ofrenda y quiso identificarla con su Cruz hasta tal punto que, a causa del deterioro de la piel, parecía de verdad un Cristo flagelado.

El 20 de noviembre de 2014 poco a poco se fue apagando. El combate se había terminado. Ciertamente, Elena salió victoriosa de la batalla. Nada más comprobar que había fallecido, su padre llamó a su hermana pequeña, Belén, y le comunicó la noticia: "Elena está en la Casa del Padre".

Al velatorio y al funeral acudieron muchos amigos, muchísimos jóvenes. Para Fermín, que habla de la intensidad con que Elena asumió su doble misión de servir a Dios y a los demás (su familia, la gente de la parroquia, sus compañeros de estudios...), es un ejemplo para los jóvenes porque «disfrutó muchísimo de su juventud y no perdió el tiempo, porque vivió de cara a Dios y muy pendiente de los demás, empezando por su familia y sus amigos».

Elena pidió «dame fuerza, Señor, para llevar la Cruz» y el Señor se la concedió. Toda su vida interior no se disipó cuando llegó la enfermedad, sino que «se abrazó a la cruz y en ningún momento la rechazó», dice su madre.

6.
GUIDO SCHÄFFER

Un surfista brasileño que dejó el ejercicio
de la medicina para hacerse sacerdote

HAY MUCHA INFORMACIÓN sobre Guido en su página web[1], este médico brasileño apasionado del surf que decidió dejar a su novia, realizar los estudios necesarios para ser sacerdote y marchar al seminario; pero se ahogó a los 34 años, cuando le faltaba poco para la ordenación sacerdotal.

---

[1] http://guidoschaffer.com.br/

Es una web muy completa: hay estampas, vídeos con testimonios de sus padres, sus hermanos, amigos, pacientes..., relatos de su vida, convocatoria de eventos para rezar, noticias de la causa de canonización, etc. etc. También hay sugerencias de visita a tres lugares: uno está relacionado con la FE y es la parroquia de Nuestra Señora de la Paz en Ipanema, donde reposan los restos de Guido; otro está relacionado con la MEDICINA y consiste en una exposición permanente de objetos de él y sobre él en un espacio de la Santa Casa de la Misericordia, el hospital en que Guido hizo su residencia en Medicina Interna y luego trabajó como médico asistente. La tercera visita que sugieren es sobre SURF y se trata de la *Playa de Guido:* «El tramo de aproximadamente 140 metros de frente de playa en *Recreio dos Bandeirantes*, entre la Avenida Albert Sabin y la Rua Hélio de Brito, en el Posto 11, tiene un nuevo nombre: *Playa de Guido*».

Fue ahí donde Guido perdió la vida, el 1 de mayo de 2009, mientras practicaba surf; una ola lo zarandeó, la tabla impactó contra su nuca, se desmayó y se ahogó. Era uno de los lugares a los que solía ir con sus amigos para practicar surf, el deporte que tanto le gustaba. En el mar, entre ola y ola, se encontraba con Dios en medio de la creación. También aprovechaba para compartir este Amor con los que allí se encontraban. Le gustaba decir que Jesús fue el primer surfista, ya que caminó sobre las aguas del lago de Genesaret.

La iniciativa de hacer de esa playa un lugar de peregrinación surgió en 2016 a través del grupo *Fogo do Espírito Santo* (un grupo de oración de Renovación Carismática creado por él y sus amigos unos años antes), que decidió celebrar allí una misa. Con esto surgió el evento *DIA na Praia* (día en la playa), una reunión en este lugar cada 1 de mayo. En 2018, durante el evento, cobró fuerza la idea de llamar al lugar *Playa de Guido*. Se decidió entonces hacer una petición, solicitando al alcalde el homenaje.

El homenaje al médico, seminarista y surfista Siervo de Dios Guido Schäffer, fallecido el 1 de mayo de 2009 mientras surfeaba en el lugar, fue publicado por el Ayuntamiento en el Boletín Oficial el 19 de julio de 2018.

Me gustaría viajar a Río para hablar en directo con todos sus amigos y parientes... y darme un chapuzón en la *playa de Guido*, pero después de leer el libro *El Ángel surfista* y de bucear por internet, me quedo con los datos biográficos que vienen en Wikipedia, amplío el relato de tres escenas de su vida, y decido con gran dolor que para presentar a este patrono de los surfistas no hace falta ir a Brasil... por ahora.

Guido Vidal França Schäffer nació el 22 de mayo de 1974 en Volta Redonda, Brasil. Hijo de Guido Manoel y Maria Nazareth. Su padre es médico. Su madre fue miembro de la Renovación Carismática Católica. La familia la completan su hermana Ángela y su hermano Mauricio. Pronto se trasladaron a vivir a Copacabana, Río de Janeiro, donde Guido y sus hermanos aprendieron a disfrutar de la playa y del surf.

Cursó la enseñanza primaria y secundaria en el Colegio Sagrado Corazón de María, de 1979 a 1991. Las huellas que marcan la infancia y la adolescencia de Guido son las de un niño y un joven sano, con gusto por la playa, el mar y los deportes. Era dócil y hacía amigos con facilidad. Sus padres llevaban a sus hijos a misa los domingos y les enseñaban a rezar todas las noches. Desde su juventud, Guido compartió con sus amigos todo lo relacionado con su amistad con Cristo, primero para hacer el curso de Confirmación y después para participar en el Cenáculo (Movimiento Sacerdotal Mariano) que su madre, Nazareth, celebraba en casa una vez al mes con sus hijos y sus amigos. Por supuesto, también compartía con sus amigos y amigas el gusto por las fiestas, la música, el baile, el fútbol, etc.

Desde el año 1993 al 1998 estudió Medicina en la Facultad Técnica Educativa Souza Marques. El año en que se graduó en Medicina inició el Grupo *Fogo do Espírito Santo* con el Padre Jorjão, su director espiritual desde su primera a su última confesión, en la Parroquia de *Nossa Senhora da Paz*, Ipanema.

Hizo la residencia en Medicina Interna en la Santa Casa de Misericordia de 1999 a marzo de 2001 (4.ª y 20.ª Enfermería). Después de la residencia, trabajó en el personal clínico de ambas salas durante el año 2001. Decidió ejercer la medicina como médico general, especialidad que le encantaba porque le permitía evaluar al paciente como un todo. Consideraba la medicina general un reto, debido a la necesidad de mantener un buen conocimiento de todas las áreas de la medicina.

Durante su formación académica también se dedicó a la atención de pacientes con VIH, en el Hospital Evandro Chagas (Fundación Oswaldo Cruz), ya que consideraba esencial que un médico general conociera bien los síntomas de la enfermedad, para detectarla más rápidamente, permitiendo un mayor éxito en el tratamiento.

74

El año 2000 tomó la decisión de ser sacerdote, dejó de salir con su novia y comenzó su preparación para el sacerdocio desde el 2002 al 2007 en el Instituto de Filosofía y Teología del Monasterio de San Benito de Río de Janeiro. Concilió los estudios preparatorios del sacerdocio con su labor médica voluntaria y la predicación de la Palabra de Dios. En 2008 se incorporó al Seminario San José (Río de Janeiro) para culminar sus estudios religiosos en el 2009. Durante su preparación al sacerdocio organizó varios grupos de oración, incluyendo uno llamado *Surfistas de María* con quienes evangelizaba en las playas y rezaba el Rosario.

En 2009, a punto de concluir su preparación en el seminario, Schäffer tenía treinta y cuatro años de edad. El 1 de mayo estaba con sus padres con motivo de la fiesta de san José. Se dirigió desde la casa de sus padres a la playa para surfear junto a sus amigos, como despedida de soltero de uno de ellos, que se casaba al día siguiente. Falleció en el mar: fue llevado rápidamente al hospital, donde nada pudieron hacer para salvarlo. Desde entonces, comenzó a tener fama de ser un eficaz intercesor de milagros.

TRES PINCELADAS

1.ª Recorto de aquí y allá tres párrafos sobre su vocación: «En la última Eucaristía del Encuentro Mundial de las Familias con el papa, en Río de Janeiro, en 1997, Guido tuvo la certeza de que el Santo Padre Juan Pablo II había fijado su mirada en él, despertando en su corazón el deseo de seguir el sacerdocio».

«En el año 1999, durante un retiro, Guido escuchó a un sacerdote predicar el siguiente pasaje bíblico: "Nunca apartes tu rostro de los pobres y Dios nunca se apartará de ti" (Tob 4,7); en ese momento reflexionó sobre cuántas veces había evitado la mirada de los pobres, le pidió perdón a Dios y dijo: "Jesús, ayúdame a cuidar de los pobres". Luego conoció a las hermanas de la orden fundada por la Madre Teresa de Calcuta (Misioneras de la Caridad), cuya misión es el cuidado de los pobres. Sintió que Dios había escuchado su petición y le estaba dando la dirección que quería para sus estudios de medicina. Ofreció su trabajo a las Misioneras de la Caridad y comenzó a ayudar a indigentes en las calles».

En el año 2000, su amiga Ana Barros, le dio el libro *El Hermano de Asís*, de Ignacio Larrañaga. Al leer ese libro, se sintió llamado al sacerdocio (por tercera vez). En ese mismo año 2000, después de visitar el santuario de Fátima, en Portugal, Guido sorprendió a su familia comunicándoles que quería ser sacerdote.

Aquí termina la primera pincelada. Me gusta comprobar que la vocación de Guido no fue fruto de un impulso momentáneo, seguido de una respuesta sin vacilaciones. Sintió la llamada tras la mirada, nada más y nada menos, que de un papa en el 97. No dio el paso definitivo, pero tampoco huyó del Dios que le interpelaba: siguió rezando —con su novia de la mano, que formaba parte también del grupo *Fogo do Espírito Santo*— y en la oración de un retiro recibió otro empujón en el 99. Siguió abierto a la gracia, que se hizo tumbativa con la lectura de la vida del santo de Asís, un ejemplo que le acompañaba también en su cercanía física con los más necesitados de los necesitados.

2.ª Del capítulo XV de *El Ángel surfista*[2], en el que se narra la conversión vivida por uno de sus jefes en la Santa Casa de la Misericordia, gracias al ejemplo y las palabras de Guido:

El profesor Milton en esa época era director de las enfermerías cuarta y vigésima. Tenía el pelo blanco, se conservaba bien, tenía un porte elegante y una presencia que inspiraba total confianza.

Sus padres le enseñaron a ser solidario. Le decían que él tenía todas sus necesidades cubiertas, mientras que la mayoría del pueblo pasaba hambre y frío. Su abuelo paterno tuvo una gran influencia, porque se encargaba de cuidar de la Legión Brasileña de Asís (LBA). Desde muy temprano se despertó en él la vocación de ser médico, a la vez que sentía mucha compasión por los que sufrían. Estudió Medicina en la universidad pública y pasó un tiempo de formación en Inglaterra.

Su experiencia en Londres le marcó mucho. Los pobres y los ricos eran atendidos en las mismas enfermerías. Eran lugares amplios, limpios y aireados. Intentó hacer lo mismo en sus enfermerías en la Santa Casa: estaban bien cuidadas y aireadas, la única diferencia era que en las camas no había ricos, sino pobres. Y aun siendo un hombre que tuvo una educación católica —había sido bautizado, fue monaguillo, fue confirmado— tenía muchas dudas en materia de fe. En Inglaterra, que era un país laico, Milton veía que los pobres y los ricos gozaban de las mismas condiciones en la enfermedad. En Brasil, que era un país muy religioso, solo los ricos podían ir a

---

[2] https://paulinas.org.co/libreriavirtual/el-angel-surfista/

77

los mejores hospitales, los mejores médicos y los mejores tratamientos. El pobre, además de su enfermedad, sufría con su miseria. Era una diferencia que a él le hacía dudar de la existencia de Dios.

Cuando abrazaba a Guido con el cariño de un padre, esas dudas le quemaban el alma. Pero una vez Guido llegó en el momento exacto. El profesor Milton, desde que le conoció como estudiante, vio que el muchacho era diferente. No por su profunda religiosidad, que ni siquiera conocía, sino por su humanidad, por la manera como él miraba y escuchaba a cada enfermo, cómo los orientaba. Se dirigió a su despacho en el segundo piso. Milton sabía que una de las razones por las que se desplazó a la Santa Casa, estaba relacionada con la ayuda práctica de los seminaristas. Guido quería que los seminaristas se acostumbrasen a colaborar con el tema de la salud dentro de la Santa Casa, y el profesor Milton lo aceptó. Todo había quedado muy claro entre ellos. Sin embargo, cuando se sentaron a hablar, el profesor se desahogó diciendo que en las sociedades avanzadas no había lugar para la religión: servir a los demás era simplemente un deber cívico. Estaba impresionado de cómo en Brasil, su país, aun estando bien económicamente, no estaban concienciados de ello. Eso le hacía rebelarse y dudar de su fe.

Guido lo escuchaba con atención y paciencia. Sostenía con él conversaciones que no tenía ni con su padre. Después decía: «El misterio no está solo en el cielo, también está en la tierra». Y empezó a recitar las bienaventuranzas: «Bienaventurados los pobres en el espíritu porque de ellos es el reino de los cielos; bienaventurados los que lloran porque serán consolados, bienaventurados los mansos porque poseerán la tierra...» (*Mt* 5, 3-5).

El profesor seguía diciendo el resto del sermón de la montaña, reconociendo que era uno de los pasajes más bellos del evangelio, pero nada conmovía a una sociedad que se echaba a las espaldas la miseria y generaba una impotencia en los médicos que no podían hacer nada.

Guido continúo diciendo otra bienaventuranza: «Bienaventurados los limpios de corazón, porque ellos verán a Dios».

El corazón del doctor Milton se reconcilió con Dios. Recordaba cómo se sintió consolado cuando, más tarde, acompañó a Guido a atender a los hermanos de la calle. Cómo se consoló cuando fueron vacunando a más de doscientos indigentes de la hepatitis B. Y cómo se sintió mejor cuando consiguieron las camas de las enfermerías cuarta y vigésima, para aquellos mendigos. Terminó entendiendo que, si todo el mundo viviese en su corazón las bienaventuranzas, más allá del deber cívico, encontraría el amor que todo lo renueva y transforma. Y él, viendo estos actos de entrega, sentía su amor renovado, entendiendo el significado de que el misterio no solo está en el cielo, también está aquí en la tierra.

3.ª El surf del 1 de mayo de 2009 era una despedida de soltero. Iban cuatro amigos: Guido, Mauricio –hermano de Guido–, Dudu –amigo de ambos que se casaba al día siguiente– y Nicolás –amigo de Dudu que conoció a Guido ese día y tuvo una conversación muy interesante con él en el trayecto en coche hasta la playa–. Ya sabemos que hubo un accidente y Guido murió, pero... ¿qué pasó con la boda?

Es sencillo: la boda se celebró. Cris y Dudu se casaron y al final, Dudu dijo unas palabras a los asistentes. Ahí van:

Hace once años conocí en el mar a un surfista, un apasionado por las olas. No tenía miedo de las olas grandes, la mayor de ellas era amar a Jesús. Fue él quien me hizo conocer a Cristo. En estos once años, estuve en los momentos más importantes con él. Él me invitó a formar parte del grupo de oración *Fuego del Espíritu Santo*. Me aconsejó hacer los ejercicios espirituales de san Ignacio, cuando le dije que tenía sed de Dios. Él siempre me aconsejaba, era mi amigo, y también se hizo amigo de Cris, que en poco tiempo captó su corazón. Estudiaba para ser sacerdote, estaba en el seminario, y tengo certeza de que le hacía ilusión celebrar esta boda.

Guido, como pueden percibir, iba a participar en la celebración. El seminarista Guido Schäffer. Le gustaban las olas grandes, siempre era el primero, y hoy está aquí en espíritu. Yo siento que no quería estar aquí como seminarista, quería estar como sacerdote, sacerdote celestial. Y Guido, que ya está en la compañía de Cristo, ha celebrado esta boda. Ahora, mi amigo que surfeaba conmigo, que ayer estuvo bendiciendo mi casa, que estuvo hablando con Cris la semana pasada, que tocó la vida de muchos de los que están aquí, en la Eucaristía de hoy en la que pedía por su alma, tuve la certeza de que era una Eucaristía llena de alegría, y que anticipaba lo que ya está ocurriendo: Guido se fue derecho al cielo. Hoy me ha bendecido.

Ayer, cuando lo saqué del mar, rezaba para que viviese, porque como humano, quería que él volviese a la vida. Pero Dios quiso que su hijo estuviese con Él en el cielo. Guido, en el día de nuestra boda nació para el cielo, y está allí arriba bendiciéndonos. Tengo un amigo que es santo y está al lado de Jesús, que reza por nosotros, que intercede por nosotros. Y hoy es el día del milagro. Basta una palabra para que ocurra un milagro. Creo que el milagro ocurrió. Amén.

El 20 de mayo de 2023, el Dicasterio para las Causas de los Santos reconoció las virtudes heroicas de Guido, que así se convirtió en *venerable*.

7.
IGNACIO ECHEVERRÍA (CHEVE)

El héroe del monopatín

IGNACIO ECHEVERRÍA MIRALLES DE IMPERIAL nació en Ferrol (La Coruña) el 25 de mayo de 1978 y falleció en Londres el 3 de junio de 2017.

En Wikipedia se puede leer la siguiente biografía breve: «Vivió en el municipio coruñés de Puentes de García Rodríguez hasta los nueve años, donde su padre trabajaba en la mina de lignito de Endesa. Más tarde la familia se mudó a Las Rozas de Madrid (Madrid). Ignacio se licenció en Derecho, estudiando en la

Universidad Complutense y en La Sorbona. Su familia era católica practicante, siendo Ignacio sobrino nieto de Antonio Hornedo SJ, obispo y misionero en Perú; además pertenecía a un grupo local de Acción Católica de Las Rozas de Madrid. Ignacio también era muy aficionado al monopatín además de al surf, al golf y al squash. Tras trabajar en varios bancos y, al estar en paro, decidió trasladarse a Londres, logrando un puesto de analista en el banco HSBC, donde trabajaba en prevención de blanqueo de capitales».

También de Wikipedia procede el siguiente relato de su muerte: «Alrededor de las 23 horas del sábado 3 de junio de 2017, Ignacio se dirigía en bicicleta con unos amigos a la zona londinense de *Whitechapel*. A la altura del *Borough Market* vieron a un hombre asestar a una chica lo que inicialmente les parecieron puñetazos (en realidad puñaladas), por lo que Ignacio bajó de su bici, tomó el monopatín que llevaba quitándose la mochila y se lanzó a ayudar a la agredida (una mujer joven de nacionalidad francesa que sobrevivió gracias a los actos de Ignacio), interponiéndose entre ella y el asaltante y golpeando a éste con el monopatín, mientras a su voz se acercaban dos policías, uno de ellos fuera de servicio. Seguidamente, otros dos terroristas corrieron hacia ellos y propinaron a Ignacio dos cuchilladas por la espalda que fueron mortales, aunque con su acto Ignacio consiguió desviarlos de su objetivo el suficiente tiempo para que varias personas se pusieran a salvo».

Su familia tardó cuatro días en tener confirmación de su muerte y ver el cadáver. Fueron días en los que los medios de comunicación dieron amplia cobertura a la lamentable noticia, y en los que, en medio de informaciones contrastadas y veraces, se difundió la posibilidad de que Ignacio no hubiera fallecido a manos de los terroristas sino accidentalmente a causa de la acción de los policías que abatieron a los asesinos. En el libro *Así era mi hijo Ignacio, el héroe del monopatín*[1], su padre relata pormenorizadamente cómo transcurrieron esos días, y agradece el apoyo que recibieron de periodistas, autoridades y amigos durante esos terribles momentos.

Después de relatar cómo recibieron la noticia, el libro habla de los numerosos homenajes y reconocimientos que recibió Ignacio tras su muerte. Estas líneas son sobre Ignacio y no sobre su familia, pero no puedo dejar de mencionar que la lectura del libro ofrece datos que permiten afirmar que su padre, su madre y sus hermanos –dos chicas y dos chicos– son personas de mucha categoría humana y un profundo sentido sobrenatural.

Con los testimonios de unos y otros, se puede reconstruir la vida de Ignacio: un chaval normal, aficionado a todo lo que se pudiera hacer con amigos, parientes, compañeros del Instituto, vecinos..., entusiasta del monopatín y del rap, estudiante currante, hermano pequeño de una familia numerosa, *niño mimado* de sus padres y hermanos que a cambio estaba siempre sometido a sus consejos. «En nuestra familia –escribe su padre–, siempre ha existido la costumbre –no sé si buena o mala– de estar unos pendientes de otros y de opinar más allá de lo que quizás es realmente sano. La verdad es que Ignacio se llevaba la palma. Todos nos metíamos en su vida y lo toleraba con más paciencia que el santo Job».

---

[1] http://jdejeditores.com/PDF/AEMHI.pdf

En el Bachillerato obtuvo la media suficiente para estudiar la carrera de Derecho Hispano Francés, impartida por la Universidad Complutense y la Sorbona. Se esforzó para conseguir el nivel de francés necesario para realizar esos estudios. Antes de irse a trabajar a Londres, había vivido cinco años lejos de casa, entre Francia, Bélgica y Alemania. Su trayectoria profesional desde que acabó los estudios hasta el trabajo en el HSBC que tenía en 2017 tuvo varios altibajos —y espacios en el paro—. Deseaba formar una familia, un terreno en el que también hubo altibajos normales —como recibir calabazas de una chica al pedirle salir con ella— que parecían cercanos a terminar, a juzgar por lo que una de sus amigas confió al padre de Ignacio en los días siguientes a su muerte.

Un buen tipo, podríamos resumir, al que no todo le había salido bien siempre, abogado experto en detectar y perseguir blanqueo de capitales, atento a sus padres, embobado con sus sobrinos, deportista, pendiente de los demás, con un sentido de la justicia muy marcado, fe en Dios y mucho más valor del que aparentaba.

Escuchemos a su amigo Alexis: «Es imposible explicar cómo era en realidad Ignacio (...). Creo que no fue un valiente estándar como la gente se pueda imaginar; no le gustaban los riesgos, las alturas, la velocidad y mucho menos la violencia. Tenía sus miedos y no eran pocos. Pero ante situaciones injustas, no se podía contener, lo que daba aún más mérito a sus acciones. No fueron pocas las ocasiones en las que usó su patín para proteger a una chica en apuros, enfrentarse a un abusón para solucionar una situación injusta o lanzarse al mar para salvar a otros. Sí, *Cheve* ha salvado a más gente que a esta chica y lo hizo como el sábado, sin pensar y arriesgando su vida. Con más miedo que nadie, pero a la vez con muchísima más motivación que cualquiera. Eso es lo que le hace tan especial y le da mucho más valor a lo que hizo otras veces a lo largo de su vida».

Alexis cuenta con detalle cómo en 1996 Ignacio se había jugado la vida para sacar de la playa de Oyambre a un matrimonio que había quedado atrapado por las corrientes. Y no es el único recuerdo de ese tipo que recoge su padre: «Guillermo recuerda que Ignacio era de los pocos veraneantes que tenía amistades entre los chicos de Comillas y algunas veces quedaba con ellos por la noche, pues los veraneantes de Madrid y la gente de Comillas no se mezclaban. "Ignacio era distinto, sin prejuicios contra nada, ni nadie y poco amigo de las apariencias; estaba dispuesto a ir con quien se lo pasara bien y le respetara". Al rememorar su amistad, me comenta: "Era un tipo duro tanto físicamente como psíquicamente. De moralidad inquebrantable y un sentimiento de la justicia radical, que bien podría considerarse infantil. No faltaban las situaciones en las que se metía en problemas. Una noche en un bar de Comillas unos chavales estaban incordiando un amigo común y allí estaba Ignacio para defenderle. Así que los otros tres chicos se abalanzaron sobre el pobre Ignacio a pegarle; por suerte, la cosa no pasó a mayores".

En otra ocasión, después de haber defendido a un niño, los hermanos mayores de los otros chicos le citaron en el mismo sitio y le dieron una paliza que le dejó el cuerpo lleno de moratones. Me lo contó en Comillas, aún con las secuelas visibles, con lágrimas en los ojos. Fue la primera y única vez que le vi llorar; me impresionó mucho porque él no era de mostrar sus sentimientos, ni de grandes lamentaciones o compasiones, ni de grandes abrazos después de una temporada larga sin verse. No lloraba por las heridas, sino por la injusticia que había vivido y decía: "Han quedado conmigo para matarme"».

Con sus amigos *skaters*

En su última Semana Santa vino de vacaciones a España. Unos días antes, había tenido lugar un acto terrorista en Westminster: una de las seis víctimas mortales era un policía que intentó detener al asesino y fue apuñalado. A propósito de esto, Ignacio «comentó que si presenciaba un acto de esos y llevaba consigo el monopatín se liaría a golpes con el terrorista y de ese modo neutralizaría su ataque. Alguien en la mesa le contestó que no se podía hacer eso, porque era poner su vida en un riesgo seguro. Pero insistió que era lo que había que hacer y no podíamos dejarnos acobardar por los terroristas».

«Ignacio tenía convicciones muy sólidas —cuenta su padre—. No era una persona políticamente correcta; sus opiniones eran tremendamente libres y muchas veces podrían calificarse de inoportunas. No se desviaba de la línea que él creía que era la verdad y no estaba dispuesto a admitir nada que lo desviara de la defensa de lo que él consideraba justo». Por ejemplo, tenía muy claras las ideas en lo referente al respeto a la vida humana desde la concepción y defendía con energía la vida frente al aborto, fueran quienes fuesen sus interlocutores.

Y en otro momento: «En los últimos años, mi mujer, Ignacio y yo teníamos muchas ocasiones de discutir sin la presencia de otros miembros de la familia. Intercambiábamos opiniones sobre el modo de entender la vida, nuestra visión sobre los políticos y el funcionamiento de la sociedad o las relaciones internacionales. De vez en cuando tenía la sensación de que él me daba lecciones desde la sencillez. Creo que a veces me faltaba criterio y amplitud de miras, por ejemplo, respecto a nuestra forma de interpretar las actuaciones de la Iglesia católica. Diferíamos mucho y con frecuencia me obligaba a intentar asumir mis errores y a meditar sobre la falta de generosidad en mis criterios».

A lo largo de su vida, siempre intentó comportarse como una persona decente. A pesar de que con el tiempo iba aprendiendo que no todo era posible y que a veces la vida te tritura si te empecinas en mantener siempre una postura digna, eso no lo coartaba demasiado.

Ignacio fue siempre la misma persona que soltó su bicicleta la noche del atentado y le pidió a Guille que se la cuidara. También dejó en el suelo una pizarra que parecía, por las imágenes, de grandes dimensiones. Si nos preguntamos qué sentido tenía que Ignacio fuera en la bicicleta con una tabla que impedía la visibilidad, descubrimos su personalidad. Ese día había encontrado una pizarra que pensó que le serviría a su sobrina Lucía para divertirse. La había encontrado en la calle y sería capaz de aguantar con ella en la cena y en el transporte hasta llegar a casa de su hermana Isabel.

Después de anular la cena en casa de su hermana, debió pensar llevarla a su casa para regalársela a Lucía al día siguiente. Ese era Ignacio Echeverría, si la ocasión lo requería se hacía trapero por su sobrina. Visto así, no parece el estereotipo del chico que va vestido de chaqué a la boda de un amigo, ni el triunfador que trabaja en un banco en la City. Probablemente Ignacio es un compendio de valores y estilos bastante atípico, pero hay un rasgo que sí le definía claramente: era una persona fiel a sí misma.

Las apariencias para Ignacio no resultaban demasiado importantes. Por eso era capaz de ser amigo y compartir experiencias con niños de ocho años y con mayores de setenta.

Siempre que opinaba, exponía ideas; no caía en esa tentación de partir de sus experiencias o conocimientos especiales para tener más autoridad. Sencillamente buscaba la mejor forma de argumentar para defender sus puntos de vista.

Pavithra Susan Prakash, compañera de trabajo y amiga de Ignacio —que se refiere a él con un complejo mote– escribió a sus amigos y compañeros comunes: «Con el corazón encogido, os comunico que nuestro descarado y valiente *Sr. Baby Face* (Cara de Niño), *skater*, Ignacio Echeverría, falleció el sábado por la noche defendiendo la vida de otra persona. Acaban de comunicárselo a nuestro equipo. Mientras voy a encontrarme con ellos de camino a la oficina en el Puente de Londres, que es también donde él falleció. Mi corazón se une a su familia y amigos, a los que la vida ha sometido a una experiencia de incertidumbre, de esperar contra toda esperanza que apareciera sonriendo como si nada hubiera pasado. Isabel, Joaquín Echeverría, Guillermo G.-A., todo mi amor hacia vosotros. Vuestro hermano, vuestro amigo, murió como un héroe; se paró para proteger a otros en lugar de huir y pensar solamente en sí mismo. Ahora se encuentra en un lugar mejor, el Cielo ya lo ha recibido con las puertas abiertas. En el último mensaje que me escribió me decía que me iba a cantar una canción en español, que cantaba a su sobrina, que dice: *Susanita tiene un ratón*, así que, por favor, espero que me la cantéis algún día. Muchas gracias a todos los que mandaron mensajes, rezaron por él y su familia, y enviaron su apoyo. Que Dios os bendiga».

Al día siguiente de escribir ese texto, Pavithra conoció personalmente a la madre de Ignacio y al resto de la familia en la fiesta en la que se reunieron para celebrar su vida y esto fue lo que escribió ese 8 de junio de 2017: «Esta noche aprendí lo que significa celebrar la vida de una persona. Una hermosa noche organizada por la cálida y amorosa familia del *Sr. Baby Face* (Cara de Niño), Ignacio Echeverría, para sus amigos. Llegamos allí con caras solemnes y muy afectados, pero decididos a proporcionar apoyo a la familia... y en cambio fuimos nosotros los que recibimos apoyo, amor y motivación por parte de ellos. Nos curaron en múltiples niveles, pudimos hablar con otros que le tenían el mismo cariño que nosotros, compartir historias, sonreír ante su comportamiento a veces inocente e infantil, y su terquedad e incapacidad para ser políticamente correcto. Hablando con su madre, un espíritu increíblemente valiente y hermoso, cuya cara era tan amable y amorosa que creo que podría haberle dado fácilmente veinte abrazos, me dolió en el alma su pérdida. Pero entonces miré alrededor y vi la habitación llena de gente que estaba radiante de amor y orgullo por este hombre y pensé "aquí hay un hombre que ha vivido bien, ha amado bien y ha recibido también mucho amor". Y por primera vez desde el sábado por la noche de la semana pasada, me sentí en paz. R.I.P., Ignacio. Vas a seguir viviendo en la sonrisa de tu pequeña sobrina, y en los corazones de toda la gente que has tocado».

En el libro hablan más amigos, hermanos, periodistas, políticos y reyes; incluso Rafa Nadal. No quiero sustituir esa lectura sino recomendarla. Pero copio el broche:

«Lo sorprendente de esta historia es descubrir que Ignacio no hizo nada sorprendente visto desde su mundo. Somos nosotros quienes no estamos dispuestos a pagar el precio que él derrochó con valor aquel día. Pienso que en realidad Ignacio se había preparado toda la vida para morir así, peleando por lo correcto, como pudiera y a pesar de las consecuencias. Creo que siempre tuvo razón y nos superaba a todos. Ahora nos deja una lección por aprender, porque nos cambió a muchos con su actitud y sabemos que tenía razón, que es necesario subir la voz cuando lo correcto no se impone, que merece la pena participar y hasta pelear. Que merece la pena defender nuestra libertad y plantar cara a los que abusan de nuestra dignidad. En casa, en el colegio, en el trabajo. Y si hace falta en el Puente de Londres». Ana Echeverría.

8.
MARCELO CÂMARA

Brasileño que sacó la oposición de Fiscal mientras
recibía tratamiento de un cáncer

GRACIAS A WIKIPEDIA ES SENCILLO averiguar que «Florianópolis es la capital del estado de Santa Catarina, en la región Sur de Brasil»; y no solo eso: «La ciudad es conocida ya que sus habitantes tienen una alta calidad de vida, siendo la capital brasileña con mayor puntuación en el Índice de Desarrollo Humano (IDH), calculado por el Programa de las Naciones Unidas para el Desarrollo

(PNUD). La economía está basada en Tecnología de Información, turismo y servicios. (...) Florianópolis cuenta con 100 playas y un centro de actividades náuticas. El diario estadounidense *The New York Times* afirmó en 2009 que "Florianópolis es el destino del año", mientras que *Newsweek* consideró que el municipio era "una de las 10 ciudades más dinámicas del mundo" en 2006. Es una de las capitales más seguras de Brasil».

En Florianópolis nació Marcelo el 28 de junio de 1979 y fue bautizado el 11 de agosto de ese mismo año en la parroquia de la Santísima Trinidad. Allí se desarrolló su infancia, junto a sus padres, Julio y Leatrica, y a su hermano pequeño, Murilo. Aprendió sus primeras oraciones con su bisabuela materna Almerinda, que vivió con ellos unos años. Marcelo hacía buenas migas con sus abuelos y su bisabuela: tenía facilidad para sintonizar con los ancianos, hacia los que mostraba un cariño especial.

Sus padres trabajaban fuera a jornada completa y él comenzó a acudir pronto a la guardería. Según sus padres siempre fue un niño tranquilo y sereno, responsable, simpático y feliz. Su travesura más notable de aquella época consistió en un intento de fuga al ver cercano el nacimiento de su hermano pequeño: su madre estaba embarazada de Murilo y él, sin avisar a nadie, hizo su equipaje —un juguete, un chupete y un pañal en una bolsa de supermercado— y se marchó rumbo a casa de su tía, tal vez para evitar el trago de convertirse en un *príncipe destronado* por la llegada de su hermano. Unos vecinos lo encontraron por la calle y regresó a casa sin más problema.

Su padre era hijo de militar y su madre profesora de educación física: ambos le transmitieron con naturalidad la necesidad del orden y las normas de buen comportamiento. Su biógrafa, Maria Zoê Espindola[1], que fue compañera suya de clase en el *Centro Educacional Menino Jesus*, rememora que «aunque su rutina diaria era absolutamente común a la de todos los niños de su época, un hecho interesante es que desde una edad muy temprana (alrededor de los seis años) Marcelo se interesó por asuntos de bien común, como el gobierno de la ciudad y el bienestar de los demás, asuntos que no solían despertar el entusiasmo de sus compañeros y amigos de la misma edad», y lo confirma con un recuerdo bien concreto de 1986: «Fui testigo de una conversación entre Marcelo y sus compañeros de clase que demostraba esta sensibilidad. (...) Durante la elección para alcalde, Marcelo, rodeado de un grupo de niños que le escuchaban, opinó con convicción sobre quién sería el mejor alcalde para la ciudad y dio sus razones».

Recibió la Primera Comunión el 28 de octubre de 1990 en la parroquia San Francisco Xavier. Poco antes, cuando Marcelo tenía diez años, sus padres se separaron, un hecho que le hizo sufrir, pero que afrontó con una sorprendente madurez y sentido práctico al mantenerse más atento a su hermano pequeño, ayudar a su madre en todo y mantener una gran amistad con su padre.

Su adolescencia tuvo poco de particular. Le gustaba caminar, era buen conversador, admirador de la naturaleza, muy buen estudiante... y disfrutaba en las barbacoas familiares de los domingos. Por su facilidad de palabra fue elegido en 1993 como orador para el acto de graduación de primer grado de la *Escola Alferes Tiradentes*, pero

---

[1] https://marcelocamara.org.br/adquira-a-biografia/

no pudo dirigir su discurso porque se rompió una pierna jugando al fútbol el día del evento. Participaba por entonces en un estudio bíblico en casa de su prima Denise; pero todavía no se había despertado su entusiasmo por la vida de fe, aunque no dejaba de acudir (sin mucho interés) a la misa dominical con su padre.

En marzo de 1997 comenzó los estudios de Derecho en la *Universidad Federal de Santa Catarina* (UFSC). Le encantaba lo que estudiaba. Sus compañeros y profesores se daban cuenta de su especial talento... y en ese contexto tuvo lugar su conversión. Su padre recuerda con detalle lo que ocurrió en el segundo semestre de ese primer curso: «Llevé a él y a Murilo contra su voluntad a misa. Y cuando estaba en la sacristía (...) monseñor Bianchini me llamó porque me conocía de mucho tiempo atrás y me preguntó quiénes eran los chicos. "¿Puedo hablar con ellos dos?", preguntó el sacerdote. "Por supuesto", respondí. Debió de notar cierto entusiasmo en Marcelo y lo invitó a hacer el curso de Emaús. Del 28 al 31 de agosto de 1997 hizo el curso y a partir de entonces floreció su religiosidad, su profundización, su forma de ser, su prudencia, su disciplina, su serenidad y dulzura, sumado a todos los estudios».

El propio Marcelo escribió sobre esos días: «Llamado en el último momento para participar en el retiro, me dio vergüenza negarme: me entrevistaron por teléfono, algo muy poco habitual. Con toda sinceridad, fui "lazado" para el llamado "Emaús". Como Saulo, sin comparación por supuesto, me caí del caballo en relación con aquellos días de recogimiento. (...) Esto se debe fundamentalmente a las palabras que una mañana pude escuchar sobre la persona de Jesucristo. Aquel

Hombre, que entonces era un desconocido, se me reveló, momento a momento, minuto a minuto, como el sentido de mi vida, el fundamento de mi existencia. Puedo decir que me senté en la sala de conferencias como un joven reacio a las misas, y me levanté como un adulto por la madurez tan feliz que las palabras que escuché, tan evidentemente verdaderas, aportaron a mi ser, a mi persona».

A partir de esa experiencia con Emaús, comenzó a acudir con frecuencia a los sacramentos, su vida cristiana pasó a un primer plano y aprovechaba las ocasiones que se presentaban para hacer apostolado con sus amigos. En la universidad no faltaban las oportunidades para demostrar la fe cristiana en público, con sencillez y valentía; por ejemplo, al hablar de la doctrina de la Iglesia sobre los anticonceptivos, de la verdad y el contexto de la Inquisición, del respeto a la vida concebida o cualquier otro tema polémico... o no polémico. Marcelo estudiaba sus intervenciones, y luego exponía los temas con brillantez. Nunca hablaba mal de nadie y dejaba espacio en el debate a quien no coincidía con su postura. También preparaba intervenciones para su grupo de Emaús y para lo que hiciera falta en la parroquia, y estaba disponible para ayudar con su testimonio y su oración a cuantos acudieran a él...

Tras varios cambios del domicilio familiar, se trasladó definitivamente al barrio de Ingleses, donde el 6 de julio de 1998 fue creada oficialmente la parroquia del Sagrado Corazón. Su primer párroco, el padre Márcio Alexandre Vignolli conserva un recuerdo muy vivo del momento en que, recién ordenado, llegó a la parroquia y conoció a Marcelo:

Fueron muchos los desafíos y las alegrías durante el tiempo que viví allí mi ministerio sacerdotal. Acoger, acompañar, conocer y convivir con Marcelo fue una de las muchas alegrías, una alegría edificante. En la temporada de verano 98/99, para atender el flujo de fieles que llegaban al Norte de la Isla como turistas, creamos el proyecto "Verano más feliz con Jesús".

Como nuestra iglesia madre era muy pequeña, la divina providencia quiso que un benefactor donara una gran carpa con capacidad para hasta mil personas para que pudiéramos realizar las actividades de evangelización y las celebraciones litúrgicas.

Esta carpa se instaló en un lugar excelente, en el centro del Canal de la Mancha, cerca de las dunas. Hubo un gran movimiento espiritual de evangelización en esta carpa. Además de los turistas, muchas personas del Canal de la Mancha venían a participar, hasta el punto de que, incluso con el fin de la temporada de verano, la carpa no se desmontaba y estaba siempre llena para todas las celebraciones.

A esta carpa llegó un día de 1999 el joven Marcelo. Su familia vivía cerca. El joven comenzó a asistir asiduamente a misa en la tienda. Primero los domingos y luego también los martes y jueves. Después de algún tiempo, me di cuenta de su perseverancia y de la forma en que participaba en las celebraciones, vibraba, rezaba con mucha piedad y en el momento de la predicación sus ojos fijos y brillantes llamaban la atención, indicando una escucha atenta y provechosa.

Esta escucha hizo que Marcelo se acercara a mí para compartir, aclarar, pedir ayuda y estar dispuesto a ayudar. Venciendo su natural timidez, Marcelo se acercaba a mí al final de las celebraciones con reverente simpatía, agradeciéndome la celebración y comentando siempre con alegría la palabra que lo había tocado profundamente.

Así nos hicimos muy amigos. Compartía sus ideales y su "hambre de la palabra", lo que le hacía querer estar cada vez más en la iglesia. Además de las celebraciones litúrgicas, participaba en el grupo carismático de oración y alabanza.

El padre Márcio lo invitó a ser catequista, primero de adultos y luego también de jóvenes. Marcelo preparaba sus intervenciones para que resultasen atractivas, y ayudaba a todos con sus consejos, en los que no evitaba las referencias a la necesidad de preocuparse por los demás, llevar una vida limpia, consumir el alcohol con moderación... manifestaciones exteriores de una vida de unión con Dios fruto de la oración y la frecuencia de sacramentos.

Lo explicó él mismo en una entrevista que se recoge en su biografía:

En el don de la Eucaristía, Jesús nos ama tanto que quiere hacerse uno con nosotros. ¿Qué realidad más encantadora que ésta? ¿Y cómo puede una vida que es consciente de estas cosas no convertirse, no transformarse, no cambiar radicalmente? Otro don sublime por su parte es la Confesión. Qué bueno es hacer una Confesión bien hecha, qué bueno es buscarla a menudo, qué bueno es caminar con la conciencia tranquila, no precisamente por nuestro esfuerzo, sino por el perdón que Dios comunica a nuestra conciencia. Un perdón exigente, dado que nos exige un cambio, nos exige una mejora. La confesión frecuente es fuente de felicidad y de comunión con Dios.

101

La vida sacramental es fundamental. Sin ella, ¿cómo podría comunicarse la gracia de Dios a cada uno de nosotros? Todo esto nos despierta a la realidad de la oración. Oración diaria y constante. Me gusta rezar y recomiendo que se haga al comienzo del día, para que toda la jornada transcurra en la presencia del Señor. No reces solo por ti, no pienses solo en tus problemas, piensa en toda la Iglesia, reza por toda la Iglesia, reza por aquellas causas en las que no puedes intervenir directamente, pero por las que puedes rezar y suplicar firmemente a Dios, porque Él lo puede todo, Él lo puede todo. Para Dios nada es imposible.

Todas estas cosas tienen que formar parte de nuestra vida cotidiana, nos llevan a la santidad, la santidad que nos pide el Señor: "Sed santos como vuestro Padre celestial es santo". Jesús habla claro y dice que la llamada a la santidad es para todos nosotros, no es solo para aquellos que un día serán objeto de un proceso de beatificación y canonización. Es para todos y cada uno de los cristianos.

Mientras se consolidaba su conversión sobre una base sólida y crecía su compromiso en las actividades parroquiales, avanzaba también en sus estudios. El 2 de febrero de 2002 obtuvo el título de Licenciado en Derecho y el 6 de junio del mismo año recibió el Certificado de Habilitación para el Examen de la Orden de los Abogados de Brasil, Sección de Santa Catarina (OAB/SC). A finales de 2002 participó en el proceso de selección para el Máster en Derecho en la UFSC, que comenzó en marzo de 2003 y terminó brillantemente en julio de 2004. Mientras tanto comenzó a impartir clases: de 2002 a 2004 fue profesor sustituto en la UFSC en los cursos de Derecho e Ingeniería, e impartió las siguientes asignaturas: Instituciones de Derecho, Legislación y Ética en Ingeniería Eléctrica, Ética Profesional, Instituciones de Derecho Público y Derecho Administrativo. En 2004, también fue contratado como titular para dar el curso de Derecho del *Instituto de Ensino Superior da Grande* de Florianópolis (IES) y la Faculdade de Santa Catarina (FASC).

Y en este clima de frecuencia de sacramentos, preocupación concreta por su formación cristiana y la de sus amigos, formación intelectual, estudios, lecturas, interacción social y descanso —ni los más absorbentes compromisos eran obstáculo para que participase con entusiasmo en la celebración del cumpleaños de un amigo en una pizzería—, Marcelo conoció el Opus Dei y comenzó a participar en sus apostolados.

Él y algunos compañeros comenzaron a acudir regularmente los sábados a uno de los centros de la Obra en Curitiba (siete u ocho horas ida y vuelta en coche) en unos viajes en los que se compartía la oración, la lectura, el rosario, la música, las tertulias, los atascos de tráfico y lo que hiciera falta. Pronto creció el número de amigos interesados y los del Opus Dei de Curitiba comenzaron a viajar a Florianópolis.

El 27 de agosto de 2003, Marcelo fue nombrado cooperador del Opus Dei, y el 1 de abril de 2006 pidió la admisión como supernumerario. En el itinerario espiritual desde su conversión en 1997 hasta su vocación en 2006, no faltaron quienes veían que sus pasos iban dirigidos hacia el sacerdocio. Tal vez él mismo se lo planteó, tal vez no. Lo que está claro es que encontró el sentido de misión de su vocación en medio del mundo a santificar el trabajo, santificarse y santificar a los demás en la vida ordinaria. Siguió implicado en muchas actividades de la parroquia y mantuvo el contacto con los grupos de Emaús, pero no fue la única novedad de esos años (y yo me estoy quedando sin espacio para mantener la extensión de otros capítulos, por lo que voy a adoptar el modo telegráfico a la vez que invito a leer el material sobre él accesible a través de su web[2] y el vídeo[3] en el que se resume su vida).

Tras unas semanas con molestias en la espalda, en septiembre de 2004 perdió el movimiento de las piernas y tuvo que ser hospitalizado de urgencia. Se practicaron pruebas y con el diagnóstico de linfoma linfoblástico comenzaron cuatro años de lucha contra el cáncer. Todo parecía superado en 2006, pero en octubre de ese año reaparecieron las molestias, se diagnosticó ahora como leucemia y se reanudó la pelea. El resumen de Espindola es bien ilustrativo: «Durante todo el período de la enfermedad, Marcelo fue sometido a numerosos exámenes y análisis de sangre, quimioterapia y radioterapia, experimentó con medicamentos y tratamientos, estuvo ingresado durante mucho tiempo en varios hospitales (tres ingresos en el Hospital Celso Ramos, alrededor de 14 ingresos en el Hospital de Caridade, ambos en Florianópolis; un ingreso en el Hospital Santa Catarina, en Blumenau, y tres ingresos en el Hospital Nossa Senhora das Graças, en Curitiba). Que nadie se engañe, este tipo de enfermedad debilita al paciente y el tratamiento es doloroso, provocando además muchos efectos secundarios. Para tener una idea, durante

---

[2] https://marcelocamara.org.br/
[3] https://www.youtube.com/watch?v=arFQrrY6rXY&t=2s

su hospitalización, del 6 de junio al 10 de julio de 2007, necesitó 22 transfusiones de sangre, utilizando cerca de 40 jeringas (...). Hubo un momento de la enfermedad en que necesitó someterse a quimioterapia incluso los sábados y domingos, prácticamente todos los días».

En medio de los tratamientos siguió impartiendo clases y mantuvo su decisión de estudiar y presentarse a las oposiciones al Ministerio Público del Estado. Lo resume Espindola: «El concurso comenzó el 18 de septiembre de 2005, con la prueba objetiva, seguida de la prueba disertativa sobre derecho penal el 15 de noviembre de 2005, la prueba disertativa sobre derecho civil el 25 de marzo de 2006, la prueba disertativa sobre derechos difusos el 15 de julio de 2006 y, por último, la prueba oral el 23 de octubre de 2006».

No estoy seguro de que mi traducción del portugués sea la correcta (por ejemplo, no sé bien a qué se refieren los *derechos difusos*). De lo que estoy seguro es de que Marcelo aprobó en el quinto puesto de los 20 aprobados de entre unos dos mil candidatos, y que el 20 de marzo de 2007 fue nombrado para el cargo de 10º Fiscal Suplente de la Fiscalía Especial del Ministerio Público, y asumió el cargo dos días después, el 22 de marzo, en la Fiscalía adjunta al Tribunal Penal de São José.

Apenas trabajó como fiscal noventa días, porque el cáncer y los tratamientos se lo impidieron, pero en esos días brilló también la calidad de su trabajo bien hecho y su preocupación por las personas: por ejemplo, tuvo que enviar a la cárcel a un joven que había cometido muchos delitos y, tras comunicarle el jurado la sentencia, Marcelo habló con él para animarle a reflexionar sobre sus errores y cambiar de vida, algo inaudito en esos ambientes.

En sus últimos días en el hospital mostró una serenidad y un sentido sobrenatural poco comunes. Incluso a veces evitó los analgésicos, para ofrecer sus dolores y también para estar más despierto y atender a las visitas. Falleció el Jueves Santo, 20 de marzo de 2008. Su causa de beatificación es promovida por una asociación de amigos[4].

---

[4] https://marcelocamara.org.br/

9.
MARÍA REQUENA

«Lo revolucionó todo con sus locas ideas de convertir la planta de oncohematología en un centro de pinturas, de teatro, de parada obligada para los Reyes Magos... y trajo la fiesta y la alegría donde más falta hacía»

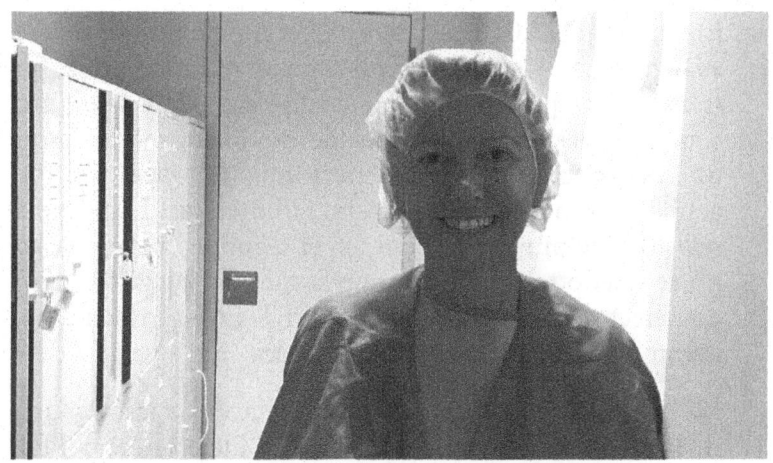

ESTA IMAGEN DE MARÍA antes de su segunda operación nos lleva preguntarnos qué hay detrás de unos ojos que siempre sonríen. La mirada trasluce lo que guardamos en nuestro interior y especialmente nos muestra lo que hay en el fondo del corazón en los momentos de dificultad. Quizá podemos sonreír con los labios, pero el fondo de nuestra mirada nos delata. Los ojos de María, en momentos humanamente muy difíciles, transmitían alegría y paz, frutos de una confianza total, la que da el convencimiento de saberse en "buenas manos".

Después de la operación María contó a una de sus hermanas que en esos minutos antes de que la trasladaran al quirófano, había estado tranquilizando a una señora que se iba a hacer una intervención bastante sencilla —un quiste— pero que estaba muy nerviosa. María estuvo pendiente de tranquilizarla ese rato previo a la operación, en la que ella sí se jugaba mucho. Precisamente con motivo de esta operación escribió en su blog[1]:

> En marzo del 2018 me detectaron un cáncer de mama avanzado, muy agresivo. Empecé con quimioterapia, un tratamiento que me dejaba bastante agotada y que duró 6 meses. Después de un mes de descanso, me hicieron una tumorectomía y linfadenectomía. La operación fue genial y, al mes siguiente, recibí radioterapia. La primera revisión fue muy bien, pero, en la segunda, mi oncólogo no se quedó tranquilo porque la quimio inicial no hizo casi efecto, así que me pidió un PET-TAC. Lamentablemente, me dijeron que había recaído.
>
> Me operaron por segunda vez, mastectomía radical y una nueva linfadenectomía. Al mes, me hicieron otro PET para comprobar que no hubiera nada y empezar otro ciclo de quimio. Sin embargo, pasó lo que nadie esperaba en tan solo un mes: metástasis en hígado, pulmón y axila. Pasé de ser una enferma de cáncer de mama metastásico en estadio IV a ser una enferma con tratamiento paliativo y crónico, siempre con nuevas quimios.

---

[1] https://importasporsertubl.wixsite.com/misitio-1/blog

Al haber sido la segunda operación tan cerca de la radiación, a finales de junio se empezó abrir la herida de la mastectomía. Llevo seis meses yendo dos días a la semana a curarme. Mientras estuve otros seis meses con otra quimio intravenosa, llamada Taxol, la cicatrización era imposible y había que procurar que la herida no se infectara. Cuando terminé el Taxol, empecé a tomar una quimio oral llamada Xeloda.

Los meses que estuve con esas pastillas la herida empezó a cicatrizar y, afortunadamente, está muchísimo mejor. Me han vuelto a cambiar a quimio intravenosa, Gencitabina y Carboplatino, y hace poco me pusieron el reservorio para evitar los pinchazos. Entre otras cosas, tengo un dolor continuo en el omoplato derecho, debido a que una de las metástasis presiona un nervio.

No cuento todo esto para hacerme la víctima, sino para mostrar que entre todos podemos ayudarnos y que hay muchas herramientas para conseguirlo. El ser humano tiene muchísimas capacidades, no solo para no elegir la muerte en el momento del dolor, sino para que podamos ser felices incluso con una enfermedad dura.

¿Me ayudáis a que este sueño sea una realidad? Una persona sola no puede, pero, entre todos, sí que es posible sacar a relucir la grandeza que el ser humano tiene escondida, aunque a veces no se dé cuenta. Lo esencial es invisible a los ojos.

Poco más de cuatro meses después de escribir esta entrada en su blog, tras casi 45 años de vida intensamente feliz, terminó la historia de María como paciente. Falleció el 5 de agosto de 2020. La riqueza de la vida espiritual que había cultivado desde niña siguiendo los pasos de sus padres y hermanos, tomó forma en la juventud al responder a la vocación al celibato apostólico como agregada del Opus Dei, se desarrolló en la madurez al afrontar primero sus estudios y luego su trabajo como enfermera, y la ayudó a disfrutar con una sonrisa y algunas lágrimas —María no tenía reparo en defender lo sano que es llorar— de dos años de lucha contra un cáncer.

Pero vamos a empezar por el principio.

Nació el 9 de octubre de 1975 en Cartagena, ciudad del siglo III antes de Cristo, que se dice pronto. María fue la última de seis hermanos: tenía dos hermanas (Maena y Mónica) y tres hermanos (Federico, Luis y Pablo). Sus padres, Federico Requena y Mercedes Meana, eran oriundos de Madrid, pero se trasladaron a Cartagena por el destino laboral de Federico, que era aparejador, y había ganado una plaza para trabajar en la Delegación de Hacienda de aquella ciudad. Allí nacieron todos sus hijos (y sus nietos: los cuatro sobrinos de María, muy importantes en sus enumeraciones de parientes, sobre todo su ahijada). Dio sus primeros pasos escolares en la guardería Tizas, en la calle Príncipe de Asturias; cursó primaria y el bachillerato en el Colegio de las Carmelitas de Santa Joaquina de Vedruna —todo en Cartagena—, el COU de entonces en el Colegio Nelva, en Murcia, y Enfermería en la Escuela de Enfermería de Cartagena.

Empezó a trabajar como enfermera en el Hospital de la Arrixaca, en Murcia, durante siete años, donde tuvo la oportunidad de pasar por todos los servicios, ya que pertenecía al *equipo volante* para hacer compatible el trabajo con la atención de sus padres, especialmente el cuidado de su madre, enferma de Alzheimer, que era la que más atención requirió y gracias a la que con más detalle aprendió María la estrecha relación que existe entre el amor y la enfermedad. El caso de su padre, que pudo ayudar mucho en la atención de su madre casi hasta el final, fue muy diferente, pues falleció de una displasia medular apenas cuatro meses después del diagnóstico; pero dio a sus hijos un ejemplo muy claro de humildad para dejarse cuidar y de aceptación alegre de la voluntad de Dios, en coherencia con lo que habían visto en él durante toda su vida.

Tras el fallecimiento de sus padres (2010-2011) estudió un Máster de Bioética en la Universidad Católica de Murcia y un Máster de Cuidados Paliativos, impartido por la Universidad de Navarra en colaboración con el Hospital Centro de Cuidados Laguna de Madrid. En el trabajo de fin de curso para este último máster, tuvo ocasión de estudiar el *St. Christopher Hospice* de Londres y profundizar en la figura de Cicely Saunders, la fundadora de los cuidados paliativos modernos.

Los últimos siete años de profesión se desarrollaron en la unidad de oncohematología del Hospital General Universitario Santa Lucía, en Cartagena. A partir de 2015 fue también profesora de Paliativos en la Escuela de Enfermería de Cartagena... y en 2016 impulsó junto a otros compañeros y alumnos *SECUNDA Smile*, proyecto de atención a pacientes oncohematológicos y sus familiares a través del voluntariado.

Llegados a este punto, hay que ver un vídeo[2] (tiene una duración total de casi seis minutos: si consigues ver los primeros tres minutos y medio sin emocionarte,

---

[2] https://www.youtube.com/watch?v=6ZV-GRP95Fs

probablemente eres un reptil). Allí se cuenta muy por encima la iniciativa de María: «Se le ocurrió un proyecto de voluntariado –dice el narrador– que rápidamente puso en marcha junto a la Fundación FADE, con el que cautivó a los estudiantes de enfermería a los que daba clase en la Universidad, y así nació *SECUNDA Smile*. (...) Lo revolucionó todo con sus locas ideas de convertir la planta de oncohematología en un centro de pinturas, de teatro, de parada obligada para los Reyes Magos... y trajo la fiesta y la alegría donde más falta hacía».

Lo que no se dice en el vídeo es que la idea se le ocurrió en un curso de retiro, o sea, en unos ejercicios espirituales. Ella sí menciona ese detalle en alguna de las entrevistas radiofónicas que concedió con motivo de los premios locales y nacionales que fue recibiendo *SECUNDA Smile*, y me parece que el detalle es sencillamente precioso e inspirador; pero no quiero ofrecer moralejas fáciles. Simplemente ahí dejo que María sacó, como fruto de unos días de oración más pausada, la conveniencia de ayudar a los estudiantes de enfermería a darse a los demás, y a facilitar a los enfermos de cáncer de su planta a recibir el cariño que tanto necesitan para llevar esa etapa larga y dura con más esperanza. Concretamente, se preguntó «¿qué puedo hacer para ayudar más a los que están sufriendo?» Al recibir el premio de voluntaria del año 2018 del ayuntamiento de Cartagena, explicó que esa sensibilidad para acompañar al que sufre se la debía en gran parte a la educación y al ejemplo que había recibido en su familia y especialmente a su madre, que desde muy pequeña la había llevado a visitar a personas enfermas o ancianas que podían sentirse solas. Esto sorprendía a algunos adultos, que la consideraban demasiado niña para enfrentarse a esos escenarios; y su madre respondía que «no debemos esconder el sufrimiento a nuestros hijos, lo que debemos enseñarles es que ese sufrimiento siempre se puede aliviar».

Cuando se habla de santificar el trabajo ordinario no solamente se hace referencia a una actitud interior, la de ofrecer a Dios aquello que hacemos. Hacer *santo* el trabajo incluye hacerlo bien, convertirlo en un servicio... cambiar el mundo, hacerlo más agradable, participar en el poder creador de Dios. «Estamos aquí para aprender a amar, no para hacer cosas», dice María en una de las entrevistas que he mencionado. Porque todo esto no es para ella una teoría bonita sino algo realmente incorporado a su vida.

También por esas entrevistas sé que María, su hermana Maena y una amiga de ambas paseaban por la Rambla de Barcelona la tarde del 17 de agosto de 2017, cuando unos terroristas dejaron a su paso quince muertos y casi cien heridos. Tras reponerse del susto por lo cerca que había estado de ser atropellada, sintió miedo de salir al abierto —durante el paso de la furgoneta asesina se encontraban protegidas por uno de los quioscos en los que se venden prensa y recuerdos—, pero pensó que era enfermera, que no podía olvidar de golpe toda la formación cristiana que había recibido durante años, y salió a la calle a ayudar, primero a un niño asustado y luego a todos los que fueron llevando a un hospital de campaña que se instaló en una cafetería cercana. Por cierto, allí le impresionó la actitud de Dani, un chico valiente con rastas y tatuajes que salió a por un botiquín sin estar todavía claro si se estaba jugando la vida o ya había pasado el peligro. Porque hay mucha más gente buena de la que imaginamos.

Hay muchos otros detalles de su vida en esas entrevistas. Las recomiendo todas, porque en todas, entre anécdotas, María lanza verdaderas joyas... sobre la fe, sobre el amor, sobre el sufrimiento compartido, sobre la naturalidad de una vida cristiana cultivada con visitas diarias al santísimo sacramento de la Eucaristía, sobre la confianza en los jóvenes, sobre la necesidad que tenemos de ser generosos con los demás, sobre el regalo que es cuidar a otros... Y también deja ideas luminosas, como cuando afirma que «la fe es lo que da color a mi vida» o cuando, con total sencillez, dice que «la respuesta a la vocación en la juventud no tiene nada que ver con una renuncia, sino con una elección de amor».

Estando ya diagnosticada de cáncer, se presentó a las oposiciones para obtener una plaza oficial en enfermería: siempre había tenido mucha ilusión en sacar esa plaza. Los resultados de la oposición se publicaron tras su fallecimiento y, efectivamente, había obtenido la plaza. O mejor, habría que decir que había obtenido *también* esa plaza, porque para entonces la que ya tenía asegurada era la del cielo.

Sobre sus últimos meses y semanas se podría escribir un libro entero. En medio de hospitales, tratamientos, ingresos y curas, todos los días que podía recibía constantemente visitas y llamadas de muchas amigas y amigos que no querían perderse la oportunidad de estar con ella un poco más y de agradecerle su cariño y todo lo que habían recibido de ella. Es bonita la forma en que recibió cuidados, ella que tantos había repartido. Y cómo se dejó atender cuando fue necesario. Solamente voy a recoger un detalle de esos días: en su habitación se celebraba el cumpleaños de su cuñada Lucía y alguien lanzó al aire una sugerencia tal vez inoportuna: «¿Qué te parece si hacemos un brindis?» En ese momento María tenía ya dificultad hasta para sostener un vaso, pero aceptó el reto y, con mucha dificultad alzó su vaso y dijo: «Brindo por esta familia, que crecerá, y yo lo veré desde el cielo». Tremendo silencio, todos congelados dispuestos a hacer chocar sus copas, muchos con lágrimas, y María completó ese brindis-despedida: «Agradezco la suerte que he tenido».

Mientras ella luchaba contra el cáncer se tramitaba en el parlamento español la Ley de la eutanasia. María escribió una carta al diario *ABC* sobre el asunto, que se publicó como artículo de opinión y es fácil de encontrar en internet. Es un texto con muchos detalles valiosos y lo copio entero:

> Durante esta semana hemos estado escuchando mucho sobre eutanasia sí, eutanasia no. Esta carta no va dirigida a condenar nada. Nunca juzgaré a nadie que esté pasando por una situación de gran dolor. Estoy convencida de que cuando una persona que se encuentra en una situación de grave enfermedad pide la muerte es porque todo lo demás ha fallado y por lo tanto es un fracaso del sistema, que no ha sabido cuidarla como se merece.

> Durante mi máster en cuidados Paliativos tuve ocasión de estudiar el hospital St. Christopher Joseph, el centro creado por Cicely Saunders, la fundadora de los cuidados paliativos modernos. Esta mujer revolucionó la manera de enfrentarse al dolor y la muerte. Comprobó que un paciente que se encuentra al final de su vida padece un «dolor total», porque no solo sufre el cuerpo, sino que también está el dolor emocional, el dolor social y

el dolor espiritual. Ante esta realidad, Cicely Saunders no optó por quitar el dolor eliminando a la persona que sufre, sino que formó a distintos profesionales para que cuidaran todas las dimensiones del sufrimiento.

Después del máster he tenido la suerte de ser enfermera de Oncología, y estoy completamente enamorada de mi profesión, que se reduce a una palabra: cuidar. En estos siete años he visto situaciones muy dolorosas, he acompañado a enfermos y familiares en sus últimos días y he podido aplicar todo lo que había aprendido en el máster de cuidados paliativos.

He dicho ya que he estado trabajando en la planta de Onco-hematología durante siete años. Desde hace dos años ya no puedo: un cáncer de mama metastásico en estadio IV me lo impide. Me he pasado al otro lado, al del dolor y la vulnerabilidad. Soy una persona con una enfermedad crónica, incurable y que por supuesto produce dolor. Cuando estos días escuchaba qué personas eran aptas para pedir la eutanasia y vi que yo era una de ellas, me produjo una profunda tristeza. Qué sociedad tan débil tenemos que ante el dolor te proponen eliminar la vida del que sufre y encima lo ve como un éxito. Que en pleno siglo XXI la solución que dan a las personas que sufren sea la muerte es de una cutrez impresionante. Por favor, no me ofertéis la muerte cuando esté cansada por tantos tratamientos, o cuando el dolor aumente, o cuando un día me levante agotada y diga que no puedo más. Demostradme que no soy una carga y que deseáis tenerme. Por favor, ofertadme lo que afortunadamente yo he podido ver y hacer durante años: unos cuidados paliativos de calidad que me quiten el dolor y que me acompañen hasta el final, pero no me pongan una inyección que acabe con mi vida y, por favor, no me digan que eso es una muerte digna.

Termino con unas palabras de Cicely Saunders: «Importas por ser tú, importas hasta el último momento de tu vida y haremos todo lo que esté a nuestro alcance, no solo para que mueras en paz, sino para que vivas, hasta el día en el que mueras».

Ayudemos a que nadie, en el momento del dolor, elija la muerte por falta de sentido y de soporte. Hay mucho por hacer y por aliviar y cualquiera podemos poner nuestro granito de arena para que la gente muera de manera natural y que esta opción no sea un sueño, sino una realidad. La eutanasia nunca será un fin natural, ni una muerte digna.

10.
MICHELLE DUPPONG

Michelle en la granja
familiar, julio de 2007.
Fotografía cedida por
la familia Duppong.

Michelle nació en Denver, Colorado, el 25 de enero
de 1984, cuarta hija de Kenneth y Mary Ann (Wanner)

Duppong. Poco después fue bautizada en la iglesia de *St. Joan of Arc* de Arvada, el 5 de febrero. Cuando Michelle tenía un año, la familia de Ken y Mary Ann se trasladó al oeste de Dakota del Norte para comprar una granja al tío de Ken, cerca de la zona de la que ambos eran originarios, conocida como Haymarsh, una comunidad agrícola que rodea la iglesia rural de *St. Clement*, situada a unos 100 km al oeste de la capital del estado, Bismarck. En 1986 y 1987 nacieron dos hijas más, con lo que su familia pasó a tener un hijo y cinco hijas: Jeff, Lisa, Sara, Michelle, Renae y Kalene.

La agricultura y la ganadería de finales de los ochenta y principios del siglo XXI exigían que, incluso a la temprana edad de 4 años, todos los miembros de la familia fueran necesarios para el éxito de una explotación agrícola, por lo que a cada uno se le asignaban tareas acordes con su edad y capacidad. Cada niño participaba para ayudar a hacer el trabajo. Algunas de sus tareas cotidianas eran: plantar, quitar las malas hierbas y cosechar los huertos familiares, alimentar a las gallinas, recoger huevos, pastorear ovejas, alimentar corderos, construir vallas, mantener el jardín, limpiar la casa y preparar la comida; hasta que se les podían confiar tareas más difíciles y serias, como manejar maquinaria agrícola.

Mary Ann recuerda que, a finales del siglo XX, cuando los niños estaban en la escuela primaria y secundaria, no tenían dinero para gastos superfluos. La mayor parte de la ropa, los muebles y la maquinaria que compraban eran artículos usados o revendidos. Rara vez la familia iba de vacaciones, a restaurantes, al cine o a eventos deportivos. Sin embargo, intentaban ser ingeniosos y animaban a sus hijos a crear sus propias diversiones.

Tenían noches de cine familiar en casa, iban en trineo por la nieve en invierno o jugaban al escondite entre las balas de heno. Los sábados por la noche encendían velas y ponían su música favorita. A las niñas les gustaba simular que eran camareras en un restaurante de Rock & Roll de los años 50 o en una pizzería italiana.

Como padres, animaron a cada uno de sus hijos a cantar en el coro de la iglesia y del colegio y a aprender a tocar el piano u otras destrezas musicales, habilidades que mantuvieron hasta la edad adulta. Se entretenían ellos mismos y, a menudo, sus mejores amigos eran sus primos, que vivían cerca, pero iban a otro colegio. Les encantaba reunirse con sus primos los domingos después de misa. Las fiestas navideñas eran muy especiales cuando los vecinos y parientes cercanos acudían a su granja para compartir la comida, cantar villancicos y jugar.

La enseñanza de la fe católica a sus hijos y la asistencia regular a la misa dominical fueron siempre muy importantes para la familia Duppong. También se reunían en familia para rezar el rosario al caer el día, asistían a conferencias católicas y a actos provida siempre que podían. Cuando sus hijos eran adolescentes, Mary Ann organizó un grupo local de Adolescentes por la Vida y ayudó a enseñar a otros estudiantes la reverencia por la vida en todas sus etapas, especialmente en los no nacidos, los discapacitados y los ancianos. Tanto Ken como Mary Ann también dieron clases de religión en su parroquia, y Ken ha sido miembro de la organización católica de los Caballeros de Colón durante 50 años. Estas introducciones tempranas a la fe católica demostraron establecer un amor por la Iglesia en Michelle, así como en sus hermanos, cuando entraron en sus años universitarios. Afortunadamente, esta implicación familiar en la Iglesia continúa hoy en día, ya que sus hijos ahora instruyen a sus propios hijos sobre el precioso regalo de la fe católica.

Michelle era una alumna muy disciplinada y con capacidad para los estudios. Nunca posponía una tarea e intentaba hacer todo lo mejor que podía. En 2002, se graduó en el *Glen Ullin High School* como la mejor de su clase. Gracias a becas pudo matricularse en la *North Dakota State University* (NDSU) en Fargo. En 2006 se licenció en Horticultura, con especial interés en las ciencias de las plantas y la silvicultura.

Mientras estudiaba en Fargo, Michelle frecuentaba el *St. Paul's Newman Center*[1] de la NDSU, un centro católico situado junto a la universidad. Siguiendo los pasos de sus hermanos mayores, que también asistían a la NDSU y participaban en el *Newman Center*, Michelle cultivó un amor más profundo por su fe y por el Señor: asistía a misa todos los días y participaba en una amplia variedad de actividades sociales y de fe que se ofrecían a los estudiantes universitarios. Al igual que todos sus hermanos, el Centro Newman se convirtió en el nuevo hogar de Michelle. Mientras ella cursaba el tercer año de estudios en NDSU un nuevo equipo de misioneros de FOCUS[2] (*Fellowship of Catholic University Students*) vino al *Newman Center* para enseñar la fe católica y evangelizar a los estudiantes del campus. Estos misioneros trabajaron con los estudiantes y les invitaron a unirse a sus estudios bíblicos y otros eventos para compartir la fe.

---

[1] https://bisoncatholic.org/
[2] https://focus.org/

Después de mucho rezar y discernir, Michelle cambió de carrera tras su graduación universitaria. Trabajó seis años como misionera de FOCUS, durante los cuales acompañó y asesoró a cientos de estudiantes en los campus de la Universidad de Nebraska-Lincoln, la Universidad Estatal de Dakota del Sur, la Universidad de Dakota del Sur y la Universidad de Mary. En 2012, fue nombrada Directora de Formación en la Fe para Adultos de la Diócesis de Bismarck, y desde ese puesto coordinó la realización de eventos y otras actividades parroquiales, lo que le permitió utilizar sus talentos y su celo misionero... Durante los últimos quince años de su vida, llevaba a la granja familiar de Haymarsh a estudiantes y amigos para compartir su entusiasmo por la música, el baile y las tareas de la granja. Su alegre personalidad y su genuino interés por los demás la llevaron a entablar muchas buenas amistades.

Quienes la conocieron afirman que la sonrisa con la que aparece en TODAS las fotografías no es algo forzado, algo para la foto. A Michelle le encantaba divertirse y participar en representaciones que hicieran reír. Tenía una risa increíblemente única y sincera. Era una persona profundamente espiritual, pero tampoco le preocupaba hacer el ridículo, sin problemas de autoestima. Se sentía muy cómoda en su identidad de hija de Dios, donde podía ser ella misma en cualquier momento. Michelle confió a su madre que nunca cedió a la presión de grupo, a la inmodestia o a la impureza para ser aceptada. Su coherencia cristiana le ayudaba a vivir su vida sin remordimientos, y precisamente su fe sólida fue uno de sus mayores consuelos cuando recibió la noticia de su devastador diagnóstico de salud. A Michelle le encantaba *El*

Señor de los Anillos y le gustaba verse a sí misma como el personaje de Frodo en una misión.

En otoño de 2014 empezó a experimentar fuertes dolores en el abdomen. Le diagnosticaron *quistes ováricos*, algo leve que incluso podría disolverse por sí solo. A mediados de diciembre no solo no se habían disuelto, sino que las molestias eran insoportables y la llevaron al hospital. Se hizo una segunda ecografía, se operó para extirpar los quistes... y resultó que no eran quistes. Se diagnosticó un cáncer en estadio IV contra el que, según les dijeron al principio, no había más tratamiento que cuidados paliativos... y la previsión de un final en dos meses.

Lo cierto es que no sobrevivió dos meses, sino todo un año de lucha. Hubo muchas operaciones y estancias en el hospital hasta que la enviaron a casa cuando realmente ya no se podía hacer nada más por ella. «Michelle no culpaba a nadie de nada», recuerda su madre. «Su actitud era: "Si Dios quiere que pase por esto, pasaré por esto"». Alguien preguntó a Mary Ann por el dolor que Michelle tuvo que pasar en aquellos tratamientos a cambio de sólo diez meses de vida: «No te puedes hacer idea —respondió— de cuántas vidas marcó ese último año. Michelle no sólo fue un gran testigo de su profunda fe, sino que utilizó ese tiempo para ofrecer su sufrimiento por los demás. (...) ¿Cómo se mide lo bueno de eso?»

Con el propósito de explicar a sus paisanos quién fue Michelle y sobre el hecho de que la santidad es algo abierto a todos, y no sólo a unos pocos elegidos, Roxane B. Salonen publicó en 2022 un artículo[3] en el periódico *The*

---

[3] https://www.inforum.com/lifestyle/north-dakota-siblings-reflect-on-saintly-sister-michelle

Fargo Forum, al que pertenecen las citas de sus hermanos (hermano y hermanas) que he incluido a continuación.

Kalene Jaeger, la más joven de la familia Duppong, recuerda –medio en broma, medio en serio– que, de niñas, una vez se quedaron solas en casa, notaron que salía humo del sótano y cada una corrió a recoger lo más valioso antes de huir: «Yo fui a por mi hucha y mi manta, mientras que Michelle trajo su *caja de cosas religiosas* llena de estampas, rosarios y medallas».

En un tono más serio, recuerda bien que cuando entró en la Universidad Estatal de Dakota del Norte, Michelle –que ya estaba en el último curso– se hizo cargo de ella, le buscó una compañera de habitación (la hermana pequeña de su compañera) e insistió en que programara sus clases en torno a la misa diaria. «Así era ella, un poco mandona, pero probablemente fue lo mejor que hizo por mí en aquel momento. No era autoritaria, pero sí firme, y gracias a ella entré enseguida en el grupo del Centro Newman».

«Aunque vivir a la sombra de una hermana tan ejemplar podía ser un reto –dice Kalene–, llegué a apreciar mucho el corazón misionero de Michelle y su capacidad para ponerse al nivel de cada uno. Y en su sufrimiento, me di cuenta de lo especial que era Michelle. Alguien como ella pertenece al cielo por lo mucho que convirtió su sufrimiento en redención para los demás».

Y sobre la noticia de la apertura de la causa de canonización, comenta: «Oír esa noticia y explicársela a los niños –"Eh, chicos, la tía Michelle podría ser una santa"– es el tipo de cosa que nunca imaginé que diría; pero también es una bendición. El ejemplo de Michelle también ofrece esperanza: no tenemos que ser San

Francisco, Santa Clara o Juana de Arco para influir en los demás. Tenemos ejemplos modernos de santos que han salido adelante a través pequeñas cosas cotidianas».

Jeff Duppong, el mayor de los hermanos, no vivió mucho con ella: «Cuando me fui a la universidad, ella sólo tenía 10 años», pero aporta pinceladas sobre la vida en una granja: «Era un trabajo muy duro», dice, refiriéndose al cuidado que necesitaban las gallinas, las ovejas y el ganado, además del trigo y los huertos.

«Michelle era bastante normal. No la veías por ahí levitando del suelo —se ríe—. Pero era una buena persona, sinceramente caritativa. Tenía mucha integridad. Su vida y su ejemplo también ponen de relieve las virtudes de la gente de Dakota del Norte: su laboriosidad, su rectitud y su buen corazón, que Michelle elevaba a la enésima potencia».

«No quiero dar la impresión de que lo único que hacía era ir a la iglesia y ejercer su ministerio —dice Jeff—. Cuando Michelle me visitó el año anterior a su enfermedad, asistimos a un concierto en uno de los bares del centro de Fargo. Le gustaba divertirse».

«¿Y qué hay de la posibilidad de ser hermano de un santo?» —pregunta Salonen—. «Tengo un compañero de trabajo que, al hablar de esto, me dijo que yo ni siquiera estoy entre las 12 personas más agradables que conoce. Definitivamente, estoy varios escalones por debajo de donde estaba Michelle. Su doloroso final, aunque difícil, reveló su carácter. Y fue un verdadero regalo que Michelle ofreciera su sufrimiento por otros necesitados de gracia».

«A pesar de ser bastante corriente —dice Lisa Gray, una de sus hermanas—, Michelle era trabajadora, amante de la diversión y fuerte de carácter y espíritu. Además, mostraba algunas cualidades especialmente bellas: como el amor por la naturaleza o el deseo de compartir con los demás las alegrías de la vida en la granja».

Sobre la naturalidad con la que sus padres les transmitieron su fe, e incluso la cercanía con la que sus recuerdos de infancia y juventud se funden con la realidad de sus vidas actuales —Michelle hizo la Primera Comunión en *St. Clements*, cerca de donde está enterrada, en la colina que domina su granja, a un cuarto de milla a pie—: «Nuestros padres, Ken y Mary Ann, nos enseñaron que una vida bien vivida debía incluir la práctica regular de nuestra fe. Nuestro sustento también dependía de las bendiciones de la naturaleza, así que siempre existía esa profunda conexión».

En la universidad, Lisa vio a Michelle «florecer realmente en su fe, sintonizando con la verdad. Cuando atendía a sus compañeros universitarios, la autenticidad de Michelle brillaba». Y al hablar del dolor de los últimos meses, habla del papel de Renae, la hermana pequeña, que es enfermera y «estuvo al lado de Michelle casi constantemente en aquellos días. Muchos santos tenían sus ayudantes: no creo que Michelle estuviera en el cielo sin Renae».

Michelle falleció el día de Navidad, rodeada de una familia que celebraba el cumpleaños de Jesús, mientras pedía un milagro. Y el milagro llegó, aunque de una forma distinta a la esperada. «Vivió una vida ordinaria y cotidiana —termina Lisa— con su extraordinariedad mostrándose en su entrega al Señor, y ofreciéndole su vida de nuevo, con la sonrisa más bonita que cualquier niño pequeño —y grande— podría dar».

«Lo dio todo —explica Ken, su padre—. Durante su año de sufrimiento, el dolor no cesaba. Era duro verlo. Pero no fue sólo ese año. Toda su vida estuvo dedicada a lo que Jesús quisiera (...) Cuando estaba en el hospital, rezábamos el rosario por teléfono con Michelle, Mary Ann y Renae».

Según Ken, la actitud de Michelle era que debemos hacer todo lo posible mientras estemos en la tierra para llegar al cielo. «Ella decía a los demás misioneros de FOCUS: "Dadlo todo porque puede ser la única oportunidad de salvar el alma de esa persona". Hiciera lo que hiciera, siempre lo hacía lo mejor que podía».

Poco más de dos meses antes de su muerte, el 21 de octubre, escribió en su cuaderno una carta a Jesús. Termino con ese texto:

Mi querido y dulce Jesús,

Gracias por el regalo de mi vida, por Tu amor y misericordia que todo lo llenan, por el regalo de la Fe Católica, por el tesoro de mi familia y amigos, y por todas las experiencias que me has regalado y que me han convertido en la mujer que soy. Jesús, no sólo quiero ser una santa, sino que quiero ser una gran santa que guíe a otros hacia Ti. ¡Todo para Tu mayor honor y gloria, por supuesto!

Buen Señor, por favor perdóname por todos mis pecados, que te han causado tanto dolor y sufrimiento, especialmente mi falta de caridad y compasión hacia los otros. Jesús, me aferro con manos llenas de esperanza a Tu gran misericordia, como le dijiste a Santa Faustina. ¡Tu misericordia es Tu mayor cualidad! ¡Qué hermoso eres y cuánto nos amas a pesar de todas nuestras peculiaridades y defectos! ¡Gracias, Rey mío! ¡Cómo anhelo

ayudar a otros a recibir y correr hacia Tu misericordia!
¡Gracias por la gracia de la confesión!

Si me llevas pronto a casa, por favor llena de alegría y paz a mi familia, amigos y a los muchos que me han reconfortado con sus oraciones, sabiendo que Tu amor vence al final. Por favor, ¡ayúdales a saber cuánto los quiero y lo agradecida que estoy de que los hayas puesto en mi vida! Jesús, te amo y confío en Ti, ¡pero por favor ayúdame a confiar más y amarte más!

11.
PEDRO BALLESTER

«Le he dado a Dios mi vida con la vocación
y Él da la Cruz a sus amigos»

ES SENCILLO ENCONTRAR EN INTERNET un vídeo[1] y un libro[2] sobre este inglés de origen español. El vídeo está en inglés con subtítulos en alemán, chino —tradicional y simplificado—, croata, español, francés, neerlandés

---

[1] https://www.pedroballester.org.uk/watch-the-film
[2] http://www.cobelediciones.com/libro/pedro-ballester/

y portugués; y el libro también está disponible gratis como audiolibro[3].

Aunque los dos relatos abarcan de alguna manera toda la vida de Pedro (21 años y unos meses), el libro dedica más espacio a la enfermedad y el vídeo a la amistad. Se complementan bien y ambos son muy recomendables (el audio dura cerca de tres horas y el vídeo casi una hora). Espero que lo que he recogido de ambas fuentes para presentar de modo rápido y atractivo el ejemplo de Pedro, anime a ampliar la información y conduzca al vídeo y al libro.

En el epílogo del libro, Jorge Boronat hace una reflexión que comparto especialmente en este momento:

> Los jóvenes piden ejemplos más cercanos: santos con WhatsApp, con Play Station y con iPhone..., santos que hacen *parkour* y patinan, santos que ven la tele, el fútbol y YouTube, a los que les cuesta sentarse a estudiar; santos que tienen que pedir perdón a los que están a su alrededor, que se equivocan, que toman pastillas para el dolor de cabeza y a quienes tienen que recordar las fechas de los cumpleaños... Santos de carne y hueso, santos de andar por casa, santos reales, imitables, cercanos, ordinarios, asequibles.
>
> Si no, serían como esos deportistas que quieren ayudarte a ponerte en forma y cuando te explican su plan, averiguas que el tipo corre cada mañana 15 kilómetros, hace gimnasia después y solo bebe batidos de frutas. «¿Pues sabes qué? —le dices— Que, si es así, no quiero estar en forma». Muy complicado. «Si para ser santo tengo de ser

---

[3] https://soundcloud.com/opusdei/sets/pedro-ballester-audiolibro

como san Francisco de Asís o san Lorenzo en la parrilla... paso», piensan.

Pero no. Para ser santo hay que ser normal, y luchar. Dios hace cosas muy extraordinarias con gente muy ordinaria. Nuestras vidas son como la batalla de David y Goliat. ¿Cómo pudo Pedro, siendo un chico tan normal, tocar a tantas almas y cambiar tantas vidas? Dejándole hacer a Dios.

Escribía san Josemaría: «De que tú y yo nos portemos como Dios quiere —no lo olvides—dependen muchas cosas grandes» y muchas personas también.

Me escribía una persona que vivió con Pedro en sus últimos años: «Mucha gente depende de nosotros y no podemos defraudarles. Más aún ahora, después de lo que hemos visto y vivido. Ya no hay excusas. Santidad o nada. Ya no puedo decir... 'es que yo no sé'. '¡Mentira!', me puede decir el Señor: '¡Claro que sabes! Si te lo he enseñado: ¡lo has visto! Lo has tenido enfrente'. Ya no tengo excusa».

Ciertamente, los ejemplos cercanos nos invitan a imitar y no solo a admirar, pero antes de entrar en detalles, traduzco y resumo la respuesta a la pregunta *¿Quién es Pedro?*[4] que se encuentra en su página web:

Pedro Ballester Arenas nació en Manchester, Inglaterra, el 22 de mayo de 1996. Era hijo de un matrimonio español que se había trasladado a Inglaterra por motivos profesionales —cada uno por su cuenta— y allí se conocieron, se casaron y se establecieron, por el trabajo del

---

[4] https://www.pedroballester.org.uk/about/who-is-pedro

padre como médico. Tuvieron tres hijos: Pedro, Carlos y Javier.

Pedro era buen estudiante, inteligente y trabajador, y en 2014 terminó el Bachillerato con muy buenas notas. Amigos, profesores y otras personas que lo conocieron destacan su alegría y muchas otras virtudes. Era un joven muy normal y muy bueno, serio pero alegre, y con un carácter que revelaba tanto su origen español como su educación en el norte de Inglaterra: sociable y directo a la vez, gran amigo de sus amigos. Su fe era profunda y la compartía con los demás de un modo muy natural.

Su madre y su padre son supernumerarios del Opus Dei. Recibió una buena formación católica desde chaval, primero en casa y luego en la escuela, le enseñaron los elementos de la fe y las oraciones básicas que le ayudaron a crecer en el amor a Dios. Aprendió a practicar las virtudes cristianas y humanas. De adolescente, Pedro comenzó a asistir a clases de formación cristiana en Greygarth Hall, un centro del Opus Dei en Manchester. A medida que crecía su fe y su formación, decidió comprometerse con Dios y se incorporó al Opus Dei como numerario, lo que significa seguir una vocación de por vida al celibato en medio del mundo, siguiendo las enseñanzas y el espíritu de san Josemaría Escrivá.

Sus buenas notas escolares le permitieron obtener plaza en el Imperial College de Londres, una de las universidades más prestigiosas del Reino Unido, para estudiar Ingeniería Química. Fue admitido y comenzó su primer año en septiembre de 2014. Pasó su primer trimestre en Netherhall House, una residencia promovida por el Opus Dei en Londres.

En diciembre de 2014, tras solo un trimestre de estudios, Pedro empezó a sentir intensos dolores de espalda y le diagnosticaron un cáncer avanzado de pelvis. Como consecuencia, tuvo que interrumpir sus estudios y regresar a Manchester para recibir tratamiento y estar cerca de sus padres. En su corta estancia en el Imperial College se ganó el respeto de sus compañeros y profesores.

Desde enero de 2015 hasta enero de 2018, Pedro se sometió a un tratamiento médico continuo, principalmente en el Hospital Christie de Manchester, aunque también brevemente en Heidelberg, Alemania (mayo-julio de 2015), donde recibió tratamiento de última generación de protones e iones de carbono. Durante unos meses, el cáncer parecía haber sido derrotado y en noviembre de 2015 Pedro pudo reunirse con el papa Francisco en Roma. Sin embargo, el cáncer no tardó en reaparecer con más fuerza. A partir de entonces Pedro sufrió habitualmente intensos dolores, que trató de ofrecer a Dios en unión con Cristo en la Cruz.

En 2017, Pedro alternaba estancias en el Hospital Christie y en Greygarth Hall, donde estuvo constantemente acompañado por sus padres y hermanos, muchos amigos y la atención del personal de Christie. En este tiempo, había un flujo constante de residentes y estudiantes que visitaban su habitación. Pedro estaba casi siempre acompañado. Le encantaba hablar de todo tipo de cosas, incluidas sus grandes pasiones: la pesca y la política de Oriente Medio. También disfrutaba de la buena comida y bebida cuando su estado se lo permitía. Pero, sobre todo, mostraba interés por sus visitantes y sus preocupaciones, y procuraba acercarlos a Dios.

Era una persona corriente, con defectos y luchas. A veces el sufrimiento lo deprimía, sobre todo porque duraba mucho tiempo. A veces lloraba. Siempre procuraba sonreír. En la madrugada del 13 de enero de 2018, tras tres años de padecer cáncer, Pedro entregó su alma a Dios rodeado de sus padres y amigos, mientras rezaban a su lado la *Salve*. El funeral de Pedro se celebró en la iglesia del Santo Nombre de Manchester, abarrotada por más de 500 asistentes, entre ellos unos 40 sacerdotes concelebrantes.

Seis meses después de su muerte, el 17 de julio de 2018, la Universidad de Manchester concedió a Pedro un máster póstumo en Ingeniería. Fue el primer título póstumo otorgado por la Escuela de Ingeniería Química y es un testimonio de la impresión que dejó Pedro en ese corto tiempo que estudió allí.

Tal vez no entre en los parámetros de «muy normal» el hecho de que cuando apareció el cáncer, explicase a sus padres que ellos le habían enseñado que Jesús comparte su Cruz con sus amigos: «le he dado a Dios mi vida con la vocación y Él da la Cruz a sus amigos». Como tampoco lo es la frase del título del libro de su biografía —«Nunca he sido más feliz»—, con la que contestó a un amigo después de tres años de sufrimiento y consciente de lo cerca que estaba de la muerte. No cabe duda de que el esfuerzo habitual por corresponder a la gracia de Dios en los momentos normales de cada día: el estudio, la sonrisa, el servicio... fructifica en la alegre naturalidad —muy sobrenatural— con la que determinadas personas —Pedro entre ellas— afrontan su encuentro con la Cruz.

En el libro se recoge otro de estos momentos: «Un día, a finales de agosto de 2015, durante la tertulia en

Greygarth, Pedro dejó caer casualmente que se cumplía un año desde que volvió de Barcelona y se fue a Londres a comenzar su vida universitaria en Netherhall. Y con una sonrisa que dejó a todos estupefactos añadió: "¡Ha sido un año genial!" Todos se quedaron de piedra, y alguien rompió el silencio diciendo que aquel era el comentario más positivo que había escuchado en su vida. Pedro se vio en la obligación de aclarar entre carcajadas: "A ver... El año ha sido terrible, sí... ¡pero genial!"».

Llama la atención la variedad de amigos y amigas que tenía Pedro. Por supuesto, gente del Opus Dei, amigos de residencia en Londres o en Manchester, compañeros de estudios —los de su curso en la Universidad de Manchester, con los que apenas compartió unas clases, acudieron al completo con su tutora a verle al hospital—, de la infancia, de la parroquia, enfermeras... Con todo el que se acercaba a él mostraba la misma empatía. En el vídeo salen dos fragmentos de una entrevista a Brenden Thomson, coordinador de la parroquia a la que iban a dar catequesis desde Netherhall House, que dice que Pedro «siempre estaba dispuesto a venir con alegría y una sonrisa para ayudar». Era realmente amable y acogedor con todos.

«En el pabellón donde estaba Pedro en Christie Hospital —cuenta Boronat— estaban ingresados numerosos pacientes jóvenes con cáncer como él. En poco tiempo había conocido y hablado con la mayoría de ellos. Como siempre había gente con él en su habitación, en ocasiones pedía que le dejaran con uno u otro, o que se pusieran a rezar mientras él hablaba con un enfermo en otra habitación. Impresionados con su sonrisa y su serenidad, incluso madres y padres de los jóvenes pacientes venían a hablar con él y pedirle consejo. En cierta ocasión, al entrar en la habitación, alguien se encontró a Pedro dormido y a otro joven con cáncer sentado junto a él. Al preguntarle si estaba hablando con Pedro, el joven respondió: "No. Está dormido. Yo vengo a verle porque me da paz estar cerca de él"».

El propio Pedro, en el guion de una charla que dio a los estudiantes de Greygarth, explicaba: «Un buen amigo te conoce por dentro y por fuera. Y tú a él. Y esto solo se consigue hablando y pasando tiempo juntos. Si no hay amistad no se llega a las cosas profundas en la conversación. Al final, la amistad, querer a la gente, es ya apostolado. Y mientras pensamos que ayudamos a nuestros amigos, ellos nos ayudan a nosotros». Y aclaraba: «¡Ojo! No es que tengamos amigos para hacer apostolado. Eso no es amistad. Queremos a nuestros amigos... y eso ya es apostolado».

En el hospital organizaban, o más bien dejaban organizar, lo que llamaban miércoles de pizza. Ese día los ingresados podían invitar a su familia y amigos a compartir una pizza, en algunos casos dos pizzas. En torno a la cama de Pedro parece que nunca bajaron de diez pizzas.

Sobre esto de la comida en el hospital hay una anécdota que me parece muy significativa. Y no por el mérito de Pedro de no quejarse nunca, basada en los prejuicios que todos podemos tener acerca de la escasa calidad de la comida de los hospitales. Me parece que es significativa de la calidad de sus amigos, que no se limitaban a visitarle y hacerse un *selfie* para poner en

138

Instagram. Atendían a los pequeños caprichos desplegando la estrategia que fuera necesaria:

«Sus padres y otros visitantes intentaban traerle algún "suplemento alimenticio". En concreto, se le hacía la boca agua con el sushi. A veces quienes le visitaban le traían sushi o sándwiches de la tienda de abajo. Allí hacían una oferta especial a partir de las 4 de la tarde para vender los alimentos que ya no podrían vender al día siguiente. Por teléfono desde su habitación, Pedro dirigía la operación con rigor militar. Mandaba alguien a la tienda a averiguar las ofertas que había. Cuando el precio del sushi bajaba de 1,80 libras o los sándwiches en oferta le gustaban, aprobaba la compra: "¡Luz verde! Repito: ¡Luz verde! Transacción aprobada. ¡Operación activada!" Si el sushi no estaba rebajado o los precios de los sándwiches que ofrecían no le convencían, comunicaba sus instrucciones inequívocamente: "¡Retirada! A todas las unidades: ¡Retirada!"».

La escena tiene mucho mérito, porque también sabemos que Pedro retrasaba la toma de calmantes que le adormilasen para estar más pendiente de sus visitas y que a veces lo pasaba realmente mal. La *Operación sushi* en medio de todo eso es una pequeñez, pero me conmueve imaginar a sus amigos en la tienda de abajo transmitiendo los precios del sushi, y tal vez falseándolos y poniendo unas libras por su cuenta para que su amigo enfermo terminal pudiera saborear su plato favorito.

Un último recorte: «Algo que le hacía sufrir a Pedro era el no ser capaz de ver los frutos apostólicos de todo aquello. Muchas veces, para animarle, la gente le contaba lo fecundo que era su sacrificio. Le contaban de almas de un sitio u otro que se acercaban a Dios.

Él sonreía, pero decía a aquellos con quienes tenía más confianza: "Sí, todo eso está bien. Pero yo no veo nada". (...) En ocasiones, cuando alguien le decía que su sufrimiento traería una primavera de vocaciones, se frustraba aún más porque no vería jamás todo aquel jardín que con fe, confiaba en que Dios mandaría más tarde. "Sí. Seguro que vendrá –decía con resignación– cuando yo ya no esté. Como Moisés, me perderé todo lo bueno"».

A propósito de esas situaciones, en las que se nos pide la entrega por amor, sin que se nos dé la eficacia de la fecundidad del grano de trigo, que da fruto al morir bajo tierra, el papa Francisco hace una valiosa consideración en *Evangelii gaudium*: «Uno sabe bien que su vida dará frutos, pero sin pretender saber cómo, ni dónde, ni cuándo. Tiene la seguridad de que no se pierde ninguno de sus trabajos realizados con amor, no se pierde ninguna de sus preocupaciones sinceras por los demás, no se pierde ningún acto de amor a Dios, no se pierde ningún cansancio generoso, no se pierde ninguna dolorosa paciencia. Todo eso da vueltas por el mundo como una fuerza de vida. A veces nos parece que nuestra tarea no ha logrado ningún resultado, pero la misión no es un negocio ni un proyecto empresarial, no es tampoco una organización humanitaria, no es un espectáculo para contar cuánta gente asistió gracias a nuestra propaganda; es algo mucho más profundo, que escapa a toda medida. Quizás el Señor toma nuestra entrega para derramar bendiciones en otro lugar del mundo donde nosotros nunca iremos. El Espíritu Santo obra como quiere, cuando quiere y donde quiere;

nosotros nos entregamos, pero sin pretender ver resultados llamativos. Solo sabemos que nuestra entrega es necesaria».

Un día su hermano Javier, con lágrimas en los ojos, le confió que no le parecía justo que fuera él quien tuviera que pasar por lo que estaba pasando. No entendía que Dios pagase con sufrimiento y muerte a los que eran generosos con Él. Pedro se hizo cargo de su dolor, le abrazó y le dijo: «volvería a pasar por todo esto de nuevo sin pensarlo dos veces. ¡Vale la pena!».

12.
BELÉN DE LA CRUZ

Una universitaria alegre y deportista que decide hacerse monja de clausura

TAL VEZ LO PRIMERO QUE HAY que decir sobre Belén Pery Osborne es que no tiene página en Wikipedia (o al menos no la tenía en octubre de 2023). Nació en San Fernando, Cádiz, el 27 de junio 1984. El 1 de octubre de 2005, con 21 años, ingresó en el convento de las carmelitas descalzas Virgen de la Sierra, en San Calixto,

Hornachuelos (Córdoba), y tomó el nombre de Belén de la Cruz. El 14 de abril de 2017 se le diagnosticó un tumor de ovario, del que falleció casi un año después, el 5 de abril de 2018, a los 33 años.

En el libro *Belén Carmelita Descalza. Nuestra hija*[1], los padres de esta monja sonriente recogen testimonios de personas que la trataron, algunos de sus escritos y, sobre todo, la llamada *Carta de Edificación*, una amplia nota necrológica (ocupa 44 páginas de las 229 que tiene el libro) que escriben las carmelitas cuando una de ellas fallece.

La infancia y juventud de Belén, como la de cualquier integrante de familia de marino, está marcada por los traslados: tras dos años en el Puerto de Santa María, pasó uno en Vigo; vuelta al Puerto en 1987; traslado a Madrid en 1990 y de nuevo al Puerto en el 94. En el 97 a Madrid y en el 98 regreso al Puerto... hasta que en octubre de 2002 se trasladó al colegio mayor Mater Salvatoris, en Madrid, a donde se desplazó para estudiar Dirección y Administración de Empresas con Estudios Financieros en CUNEF.

Traslados aparte, Belén era una niña deportista a la que le encantaba el campo. Disfrutó desde pequeña de estancias breves y largas vacaciones en la finca *Santa María*, que sus abuelos maternos tienen en la Sierra de Hornachuelos (Córdoba) —allí cazó con su primer disparo de rifle un venado, dando valor a las afirmaciones de su abuela acerca de la certera puntería de su nieta—.

Jugaba bien al fútbol y al pádel, montaba a caballo, nadaba estupendamente; pero sobre todo jugaba al

---

[1] https://www.declausura.com/p8618850-belen-carmelita-descalza-nuestra-hija.html

golf y de ese deporte son casi todos sus trofeos —entre ellos un campeonato de Andalucía—. Conducía motos y coches con esa prematura habilidad que se da con frecuencia entre la gente del campo. Le encantaba conducir, y se sacó el carnet a los 18 años. Pasado el tiempo, cuando se le preguntaba en el convento qué echaba más de menos de sus actividades anteriores, siempre decía: «Conducir». Y conste que era nostalgia prioritaria ante otras de las aficiones que cultivaba antes de entrar en religión: el tabaco y los McDonald's.

Pero no todo es deporte. Más o menos con quince años comenzó a frecuentar el asilo de las Hermanitas de los Pobres en el Puerto, sobre todo los sábados y domingos. En esas visitas, a la hora de la comida y de acuerdo con la hermanita encargada, buscaba a los que más ayuda necesitaban para darles de comer, ofrecer conversación, etc. La que fue su tutora en el colegio Grazalema y conservó su amistad hasta el final, comenta: «Belén se convirtió en un referente para mí. Era una niña de pocas palabras pero que siempre estaba presente y hacía la vida muy agradable. Tenía un gran círculo de relaciones humanas. Tenía la capacidad —ya entonces— de pensar que eras importante para ella. Eso sí; siempre ha sido muy independiente: iba y venía, pero a su aire. No porque fuera egoísta o pensara en lo suyo, sino porque nunca se cerraba exclusivamente a personas concretas, sino que se relacionaba sin apegarse».

En el año 2002, mientras hacía segundo de Bachillerato, vio de alguna forma que Dios le pedía todo y se asustó, pero no rechazó esa intuición. Aceptó la posibilidad, pero como objetivamente no estaba preparada, comenzó a hacer oración y a frecuentar los sacramentos:

en las visitas a las Hermanitas rezaba con ellas el rosario y acudía a la exposición con el Santísimo.

Mientras tanto, salía con sus primos y amigos. Iba de acá para allá. Tuvo primero un vespino azul y luego una moto ya más apañada. Hacía mucho deporte y de vez en cuando iba de copas, aunque pronto vio que eso «no era lo mío».

Tras el verano de 2002, como se ha dicho, fue a estudiar a Madrid. Le costaba la carrera y no le gustaba, pero se esforzaba por estudiar. En abril de 2003 hizo unos ejercicios espirituales en El Escorial. Desde entonces, procuraba hacer oración e ir a Misa a diario y empezó a asistir a las reuniones de la Congregación Mariana, que eran los sábados por la tarde. En la Congregación hizo muchas nuevas amigas, que conservó siempre, todas ellas iban a estudiar al Colegio Mayor y luego hacían planes juntas: patinar, jugar al pádel, al baloncesto...

«Belén era pura receptividad —recuerda la Madre Clara, del Mater Salvatoris, donde se reunía la Congregación Mariana— estaba atentísima en todas las charlas. Pasó ratos muy largos delante del sagrario y acabó radiante. Me acerqué a ella para preguntarle: "¿Qué tal", y me dijo literalmente: "Si piensas que voy a hablar, vas lista, ya otras lo han intentado antes...". El 2 de mayo (de 2003) tuvimos Rosario de antorchas al caer la tarde y vela al Santísimo toda la noche, y al día siguiente, tras la Misa de 8,00, fuimos a Cuatro Vientos para participar en el Encuentro del Santo Padre con los Jóvenes. ¡Fue precioso! Cómo se quedaron grabadas en el corazón de Belén aquellas palabras del papa dichas con tanta fuerza: "Si escuchas la llamada del Señor que te dice: *Sígueme*, no la acalles, responde con generosidad. Vale la pena dedicar la vida a la causa de Cristo". Yo estaba a su lado y vi cómo se le llenaban los ojos de lágrimas. Volvimos al Colegio Mayor agotadas y felices».

Llegaron los exámenes, horas y horas de estudio, y cumplió 19 años. Pese a su esfuerzo, le quedó alguna asignatura para septiembre. En verano se fue al Puerto con sus padres y hermanas y siguió saliendo con sus primos y amigos, ya con coche, y practicando deportes: pádel, futbito y poco golf. Como comentan sus primos, ya oyendo canciones religiosas en el coche y de vez en cuando *obligándoles* a rezar el Rosario, aunque se resistían bastante. Uno de ellos recuerda bien ese verano: «Cuando mi actitud hacia mis padres y las compañías que tenía no eran las mejores, ella, sin una mala palabra, me recogía en su golf blanco y un pitillo en la mano, y conseguía hacerme entender lo que hoy por hoy es para mí una verdad absoluta "tu familia es lo que verdaderamente importa, todo lo demás va y viene", y así ha sido desde entonces. Es la persona que más veces, con mucha paciencia, ha enderezado mi camino».

A principios de septiembre de 2003 volvió al Colegio Mayor. En octubre peregrinó con varias universitarias a Lourdes con la Hospitalidad de Madrid. Belén se entregó al cuidado de los enfermos con mucha abnegación, (¡ya tenía entrenamiento de sus *viejos* del Puerto!), y pasó muchos ratos rezando delante de la gruta de la Virgen.

Durante las vacaciones de Navidad, que pasaba con sus padres en la finca de sus abuelos, se *escapó* en coche hasta San Calixto, llamó al torno y dijo que ella quería entrar en el convento, ante la sorpresa de la hermana tornera. Era ya de noche y a esas horas no son habituales las visitas, pero habló un momento con la Madre

Priora, que intentó saber quién era y sugirió que le escribiera... Y el 14 de febrero escribió esta carta:

Madrid 14 de febrero de 2004

Rvda. Madre Priora
Carmelitas Descalzas

Querida Madre:

Llevo semanas pensando en escribirle desde la última vez que estuve allí por Navidad. Voy a intentar explicarme.

Desde hace tiempo (casi dos años) llevo a San Calixto en el corazón. Una noche de "copas" me vino a la cabeza (creo que más que a la cabeza) la frase: "¿Qué hago yo aquí?" y, en seguida, la imagen de San Calixto. La certeza de que este mundo no es para mí se me grabó aquel día muy dentro.

Los meses siguientes pasé del tema (no quise hacerle caso) pero estaba ahí. Más tarde entendí que debía acercarme a Dios y, aunque no ponía mucho de mi parte —bueno, nada— empecé a hacer oración, y la Semana Santa pasada me acerqué con mi prima al torno de San Calixto.

Desde hace una buena temporada llevo una vida espiritual en serio. No conozco mucho —o casi nada— de la vida del Carmelo, pero me atrae. Me atrae mucho la Cruz de cristo donde entiendo el amor grande de Dios por mí y por el mundo y siento una invitación a subirme a ella muriendo a mí misma.

Al lado de esto me vienen a la cabeza muchas frases de desánimo y miedos como "no voy a ser capaz".

Soy muy tímida, tengo dificultad para hablar y comunicar lo que llevo dentro y a veces me dan ganas de salir corriendo... (La M. Clara, que es la monjita del Cole mayor en el que vivo, me está ayudando a escribir esta carta porque yo sola sería incapaz). Soy consciente de que en esto tengo que trabajar y ¡me estoy poniendo!

Tengo un deseo grande de ser fiel a Dios y hacer su voluntad. ¡Quiero ser santa!

En semana Santa me acercaré, si puedo escaparme, otra vez a San Calixto. Me encantaría que me comentaran cómo es la vocación al Carmelo y cómo vive su entrega a Dios una carmelita.

Recen mucho por mí, yo me acuerdo mucho de ustedes.

Nos vemos pronto. Un abrazo
Belén

El martes de Pascua fue a San Calixto acompañada por la Madre Clara, que cuenta: «A las 6:00 estábamos las dos montadas en su Golf blanco. Nos turnamos al volante. Ella me iba explicando todo el camino y contando muchas cosas de su infancia y familia. Me habló de Palma del Río y la Virgen de Belén, el campo, los cochinos, las monterías y las berreas, Santa María y la Aldea de San Calixto. Llegamos a San Calixto sobre las 11.00 y nos recibieron la M. Marina y la M. Mª Josefa. Estuvimos un rato las dos con ellas y después dejé a Belén sola con las madres mientras yo me quedaba en la Iglesia. Nunca olvidaré su cara y su alegría. Todo el viaje de vuelta y los días posteriores estaba "como en una nube", feliz, radiante, con muchísima ilusión».

Terminó el curso, quería dejar CUNEF y hacer trabajo social, pero sus padres (que ya intuían que su interés por la vida religiosa era algo más que la participación en un grupo piadoso) querían que tuviese una carrera y se matriculó en Empresariales de la Complutense, con idea de obtener la diplomatura, para la que ya le convalidarían las asignaturas aprobadas en CUNEF. El verano de 2004 hizo el Camino de Santiago y en septiembre regresó a Madrid, ya con toda la familia, por lo que dejó el Colegio Mayor Mater Salvatoris, aunque siguió acudiendo allí a las actividades de la Congregación y a estudiar.

El 2 de abril falleció el papa Juan Pablo II y, al día siguiente, un grupo de universitarias de la Congregación, Belén entre ellas, marchó a Roma para dar el último adiós al Santo Padre y agradecerle tantas gracias que habían recibido de su mano. Desde allí escribió el siguiente SMS a la Madre Clara: «Madre, tengo un problema, creo que ya», y le contestó: «Eso no es ningún problema, ya hablaremos». Ya en Madrid, le contó que el Señor le había dicho «¡Vamos!».

A la vuelta escribió a la M. Marina para concretar su entrada y recibió la contestación en los días de la Novena al Sagrado Corazón. Estaba nerviosa y emocionada a la vez, leyendo y releyendo la carta delante del sagrario. A principios de junio, y coincidiendo con el XXV aniversario de la Congregación Mariana, hizo su consagración a la Virgen y recibió la medalla de congregante en la que se grabó como lema la palabra *FIAT*: ¡Hágase! ¡Que Dios siga haciendo Su obra! La consagración le dio fuerza para dar el siguiente paso, que le costaba mucho: decírselo a sus padres.

Sus padres conocían desde enero su deseo de entrar en San Calixto. Tras hablar ellos con el padre Iglesias y con la Madre Marina en San Calixto, concretaron la fecha de su ingreso en el Carmelo para octubre, al término del periodo de mando de su padre en Ferrol.

El verano de 2005 fue a la JMJ de Colonia y se reafirmó en su decisión. A la vuelta en el autobús, hubo una ronda de testimonios de lo que habían supuesto para cada una esas jornadas. Belén, a la que estas cosas le suponían mucho esfuerzo, se adelantó al micrófono y dijo con mucho aplomo: «Estos días se ha hablado mucho de hacerle regalos al Señor (como los Reyes Magos enterrados en la Catedral de Colonia), pues yo le quiero hacer a Dios el regalo de entregarle toda mi vida». Dejó sin palabras y con lágrimas en los ojos a todo el autobús.

Tiempo después contaba por carta a una amiga que también tenía vocación al Carmelo: «Yo dejé de ser yo el día que se lo dije a mis padres, por fuera parecía que estaba más o menos serena, pero la procesión iba por dentro; yo me subía por las paredes, como ese verano no iba a estudiar me puse a jugar al golf, y ésa era mi forma de sacar los nervios y la tensión que tenía, bueno, y también el acelerador del coche. Tu forma de sacar esa tensión son las lágrimas y eso no es malo, al contrario, es necesario, a mí eso de las lágrimas me pasó después de entrar, estuve casi dos semanas llorando sin parar, pero eso es normal».

Debo ir terminando: hay que leer el libro entero para ver cómo crece su vida interior, cómo resuelve sus dudas en la oración y, sobre todo, cómo ahonda en las consecuencias de su decisión de acompañar a Jesús en la Cruz. Termino con dos pinceladas sobre su entrada en el convento, su enfermedad y su muerte.

Para su ingreso en el Carmelo, la familia viajó toda junta el día anterior para hacer noche en la finca de sus abuelos. En el viaje pararon en Andújar para tomar en el McDonald's unas hamburguesas con patatas fritas que tanto le gustaban. La noche la pasó casi en vela alternando los momentos de tranquilidad con los de nerviosismo. El día 1 de octubre se celebró la Misa en San Calixto. Le acompañaba su familia, encabezada por sus abuelas Patro y Lolín, con sus padres, hermanas, tíos y primos. Al terminar la misa se fue despidiendo uno a uno de todos con un fuerte abrazo, como ella los daba, poniéndose de puntillas para abrazar mejor, y tras fumarse un último pitillo prácticamente de una calada, entró en el Carmelo por la puerta reglar.

El 8 de septiembre de 2007 hizo la profesión temporal, y el 4 de septiembre de 2010 la profesión solemne a la vida religiosa. Con motivo de esta última escribió a sus padres: «Yo estoy felicísima y no me arrepiento de haberle dicho a Dios que sí; Él siempre da el ciento por uno porque se da Él mismo. Habrá ratos mejores y peores, pero ¿Quién no los tiene? Vosotros también los tenéis y las niñas, eso forma parte de la persona humana, pero eso no quiere decir que yo no esté contentísima de estar aquí. (...) Soy perfectamente consciente de lo que hago y lo hago libremente y porque quiero. Es una predilección muy grande ser llamada por Dios a una vida como ésta, ayudadme a darle las gracias, pedidle que sea santa, que no me quede a medias».

El 8 de septiembre de 2015 pasó al Noviciado como Maestra de Novicias, y el 20 de octubre de ese mismo año fue elegida supriora (palabra que parece una errata, pero no lo es: el diccionario de la academia señala que es palabra en desuso que significa "religiosa que en algunas comunidades hace las veces de la priora").

Sus dos hermanas se casaron en la iglesia del convento (Claudia el 3 de junio de 2017 y Carlota el 23 de septiembre del mismo año). Entre una y otra boda, se descubrió el cáncer de Belén y se sucedieron las operaciones, los tratamientos, las reacciones alérgicas y los dolores, que continuaron hasta terminar el 5 de abril de 2018 con su fallecimiento. Merece la pena leer todo lo que cuenta el libro sobre estos meses de subida al Calvario. Entresaco de ahí un párrafo de una carta a una amiga casada: «Cuando se habla de los consagrados se dice "tienen vocación", pero vosotros también tenéis vocación y no es menos importante que la nuestra, la vocación al matrimonio santo que forme una familia en medio del mundo, para dar testimonio. Vuestra vocación es preciosa, cuidadla. Si cada día vais creciendo en el amor y admiración el uno por el otro, acabaréis viviendo la plenitud de vuestra vocación que es ser dos en uno».

En el funeral, celebrado por el obispo de Córdoba, el prelado interpeló a los asistentes con la pregunta: «¿Para qué sirve una monja de clausura?» Espero que este breve resumen de la vida de la Madre Belén de la Cruz ayude a responder la pregunta; pero, como ya he dicho (al menos tres veces) en el libro hay más, mucho más.

13.
ROHAN, GIANLUCA Y AKASH
Rohan Kemu
"Nos enseñó a contemplar a Dios y cómo rezarle. Mientras más sufría, más sincera era su oración. Incluso nos enseñó a rezar durante su agonía".

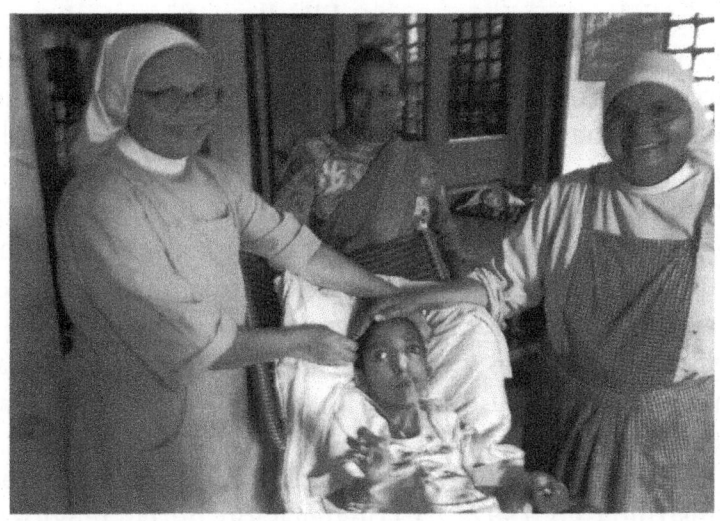

APENAS HAY INFORMACIÓN sobre Rohan en internet. Falleció el 4 de junio de 2020 en la Casa de la Caridad de Bombay. Copio la noticia[1] publicada por Nirmala Carvalho, cuatro días después del suceso:

---

[1] https://www.asianews.it/noticias-es/Muri%C3%B3-Rohan-Kemu,-un-joven-discapacitado-de-18-a%C3%B1os-%E2%80%98con-olor-a-santidad%E2%80%99-50290.html

155

«Rohan Kemu, un joven de 18 años con discapacidad física y mental, falleció el 4 de junio pasado en la Casa de la Caridad de Uttan, al norte de Bombay. Hasta su último suspiro, las religiosas de la Casa mariana se ocuparon de él, que dejó detrás de sí "un olor a santidad".

Sor Julie Pereira, la superiora de la Casa, recuerda que Rohan "durante 15 años, fue un regalo para nosotros, desde que tenía tres años hasta los 18. Nos dio la alegría y la gracia de tocar el Cuerpo de Jesús". Sor Julie recuerda que, en los últimos 20 días de vida, Rohan tenía fiebre continuamente. Ella lo sostuvo en brazos día y noche, y jamás lo dejó solo en cama: "Me sentaba en una silla, con él en brazos, y rezaba el Rosario de la Divina Misericordia. En esos momentos sentía la presencia de Dios, de Jesús, que me decía: *Este soy yo; es mi cuerpo el que estás sosteniendo; haz esto en memoria mía; todo lo que le hagas a él, lo has hecho por Jesús*. Rohan nos enseñó a vivir, pese a los muchos sufrimientos, ofreciendo a Cristo el dolor que uno siente. Él nos enseñó a contemplar a Dios y cómo rezarle. Mientras más sufría, más sincera era su oración. Incluso nos enseñó a rezar durante su agonía".

La Casa de la Caridad de Uttan (Bhyandar) fue construida en 1992. La congregación de las religiosas de la "Casa Mariana de la Caridad" fue fundada por un sacerdote italiano, el Pbro. Mario Prandi (1910-1986). Actualmente aloja 11 huéspedes, todos con discapacidades físicas y mentales. El mayor tiene 82 años; el más joven, cinco, pero fue acogido en la casa cuando tenía apenas un mes de vida.

Godfrey Malu es diácono en la parroquia de Nuestra Señora del Mar, en Uttan, y hacía ocho años que conocía a Rohan. "Rohan —cuenta a AsiaNews— fue elegido por Dios antes de nacer, para ser un ejemplo de paciencia, resistencia, misericordia y amor a Dios. Si tú lo mirabas, tu corazón se llenaba de compasión, pero ver su entusiasmo, a pesar de sus límites físicos, era algo que te hacía sentir avergonzado".

Desde su nacimiento, Rohan sufrió distonía, una enfermedad por la cual ciertas partes del cuerpo sufren espasmos musculares incontrolables, que suelen ser muy dolorosos, causados por mensajes erróneos del cerebro. La madre de Rohan murió cuando él tenía tres años. Su padre era un alcohólico crónico, que le pegaba continuamente sin piedad.

La gente del pueblo, al ver estos abusos y torturas cotidianos, además del hecho de que el padre no se ocupaba de alimentarlo, pidió a las hermanas que tuvieran la caridad de recibir a Rohan.

Los traumas sufridos le habían creado tantos miedos que, al principio, cuando las hermanas intentaban hablar con él, se encerraba en sí mismo. Además, las voces masculinas lo aterrorizaban, ya que le recordaban a la de su padre. Si alguien alzaba la voz al hablar, el miedo y la inseguridad enseguida se apoderaban de él.

"Poco a poco —cuenta el Padre Godfrey— a medida que fue creciendo en la casa, junto a los demás huéspedes, que también son discapacitados, él aprendió a gozar de la vida, a ser feliz, alegre, siempre sonriente.

Lo más bello fue cuando hizo la Primera Comunión junto con los demás niños. Asistió a la clase de catecismo, como todos, y comprendió que Jesús era su amigo y que se ocupaba de él. Su amor a la Eucaristía era tan fuerte que, si no le llevaban la comunión, se quedaba contrariado y lloraba. Le gustaba mucho seguir la misa en latín, en la televisión, pero sobre todo le encantaba participar en la misa en maharati y estaba presente con toda su persona: cuerpo, mente y alma. Sus santos favoritos eran el Padre Pío y Juan Pablo II. Conservaba dos imágenes bajo la almohada: el Padre Pío a su derecha, y Juan Pablo II a su izquierda. Sabía que esos dos santos intercedían por él para que se calmaran sus sufrimientos físicos".

A Rohan le agradaban los dibujos animados y el chocolate derretido. Su sonrisa era contagiosa, incluso para los doctores que lo atendían. Algunos pagaban de su propio bolsillo el tratamiento médico y las operaciones a las que necesitaba someterse.

"Doy gracias a Dios por el don que ha sido Rohan —concluye Godfrey— porque él me enseñó lo que significa sonreír y decir gracias a Dios, por bendecirnos mucho más de lo que merecemos. Fue un ejemplo viviente de cómo difundir el mensaje de amor de Dios a pesar de nuestros dolores y sufrimientos"».

No me atrevo a añadir una sola palabra. Pero sí a continuar el capítulo con otro joven, esta vez italiano.

Gianluca Firetti

«El Señor me ha puesto aquí, en este mundo,
para que todos los que se acerquen a mí puedan
comprender que la vida no es todo sol y rosas».

Gianluca Firetti nació en Cremona el 8 de septiembre de 1994. Vivía en Sospiro, una ciudad de algo más de 3000 habitantes en la provincia de Cremona (Lombardía). Sus padres, Laura y Luciano, y su hermano Federico completaban la familia. Estudió perito agrícola. Durante un partido de fútbol, en septiembre de 2012, sintió dolor en la rodilla derecha. Se hizo pruebas para descubrir la causa del dolor y se le diagnosticó un osteosarcoma, del que falleció con 20 años, el 30 de enero de 2015.

Gracias a una amiga, llamada Valentina, al principio de su enfermedad conoció a Don Marco D'Agostino, sacerdote y por aquel entonces profesor en el liceo VIDA de Cremona: fruto de sus encuentros, ambos escribieron un libro precioso[2] y muy recomendable: *Spaccato in due. L'alfabeto di Gianluca* (Partido en dos. El alfabeto de Gianluca). Se trata más de un libro de poesía libre que de una biografía. Muestra las dudas y preguntas iniciales —«Me estoy muriendo. ¿Qué me espera? ¿Cuál será mi recompensa? ¿Jesús me está esperando?»— y sus certezas finales; la carta que escribió al papa Francisco y cómo le respondió; su devoción eucarística, su horario; el torrente de amistad que despertó a su alrededor, presencial o por WhatsApp...

Corto y pego una de las páginas del libro:

"Sabes, Don —así llamaba a don Marco—, me sometí a trece ciclos de quimioterapia, antes y después de la operación, pero sirvieron de poco.
Continué con la píldora de quimioterapia durante unos meses más. He sentido dolor muchas veces.
Me cuesta caminar.
Luego también me operaron, con toda la humillación del momento. Y luego otra vez los ciclos de radioterapia.
No recuerdo el número de ingresos hospitalarios.
Solo yo conozco las consecuencias del tratamiento.
¿Y para qué ha servido todo esto?"

Gian me mira con unos ojos que me parten en dos, clavándose en mí.
Esperan respuestas que yo no tengo. No están escritas en mis libros.
Pero Gian es demasiado bueno. La respuesta, antes de que yo diga tonterías o latiguillos banales e inútiles, la da él.

---

[2] https://www.sanpaolostore.it/spaccato-in-due-alfabeto-di-gianluca-gianluca-firetti-9788821589355.aspx

"He estado pensando en esto hasta el día de hoy".

Siguen momentos de pausa y reflexión.
Pensar en un camino que solo ha sido cuesta arriba no es ciertamente algo fácil. Pensar que la esperanza inicial, tras el golpe de la noticia del tumor, a veces ha dado paso al cansancio o a la voz avasalladora de la enfermedad aplastando deseos y sueños, es algo que desestabiliza.

"Y me he dado esta respuesta: el Señor me ha puesto aquí, en este mundo, para que todos los que se acerquen a mí puedan comprender que la vida no es todo sol y rosas".

Ahora el silencio es mío.
Ante esa respuesta debería haber caído de rodillas. Besar los pies de Gian, sus manos, su costado.
Debería haber rezado. No pensar en ello sería como salir de la iglesia sin haber atesorado las palabras de Jesús, olvidando que le había encontrado en la Palabra y en la Eucaristía.
¡Eso sería un pecado mortal!
¿Cómo puedo salir de la habitación de Gian y pensar que, entonces, mi vida y la de los demás es *otra* que la que él me contó?
Gian tiene razón.
La vida no es todo sol y rosas.
Pero hay flores que, como él, tienen una belleza y una fragancia que no tienen precio. Contemplarlas y luego olvidarlas sería el mayor de los errores.
Conocerlas y permitir que te marquen la mayor gracia.

No debo hacer más *spoiler*. Invito a los lectores a descubrir por sí mismos la calidad de los amigos de Gian —los del grupo *bananaria* y los demás—, su despego de las apariencias, sus regalos preferidos, la hondura de sus pensamientos... y la sencillez de su personalidad.

Me gustaría hablar de su infancia, de su juventud, de si tenía o no futuro como futbolista profesional —no sé ni de qué equipo era—, de sus sueños, de sus dudas, de sus novias. Debería conversar largo y tendido con su madre, su padre y su hermano Federico, con don Marco, con médicos, enfermeras y compañeros de hospital; pero me basta con su testimonio durante la enfermedad para comprender yo y ayudar a otros a comprender que no todo en esta vida son *sol y rosas*.

Me quedo con el propósito de ir a Sospiro y, mientras tanto, completo este capítulo con otro muchacho, esta vez de Pakistán. Es protagonista de una historia sobrecogedora.

Akash Bashir
«Moriré, pero no te dejaré entrar», dijo al terrorista suicida al que detuvo para que no entrara en su parroquia llena de gente.

Akash nació el 22 de junio de 1994 en Risalpur, localidad pakistaní de la provincia de Khyber Pakhtunkhwa. El domingo 15 de marzo de 2015 vigilaba la entrada de la parroquia de San Juan, en el distrito de Youhanabad, en Lahore, en la que más de mil fieles asistirían a Misa. Sospechó de un individuo, se acercó a él, vio que llevaba un cinturón de explosivos, lo abrazó e impidió su entrada en el templo, pero no que activase los explosivos que llevaba encima. Sus últimas palabras fueron «Moriré, pero no te dejaré entrar».

El joven, que evitó una masacre segura dentro de la iglesia, estudiaba en el Instituto Técnico Don Bosco de Lahore y formaba parte del grupo de jóvenes de su parroquia, por lo que se presentó voluntario para velar por la seguridad. No tengo mucha más información sobre él, ni conozco otras manifestaciones de su valentía. Se ve que debo ir a Pakistán.

El proceso de canonización de Akash está en marcha. El 31 de enero de 2022 fue declarado Venerable por el papa Francisco, y con ese motivo su historia fue recordada en muchos medios. Copio aquí unos párrafos de lo que se publicó en *Religión en libertad* el 2 de febrero de 2022[3]:

> Gracias a su valentía y arrojo logró evitar que el terrorista se hiciera explosionar con más de 1.000 fieles católicos en el interior de la iglesia. El grupo terrorista Tehreek-e-Taliban Pakistan Jamaatul Ahrar (TTP-JA) reivindicó más tarde los ataques que mataron a 17 personas e hirieron a

---

[3] https://www.religionenlibertad.com/personajes/893942740/akash-bashir-martir-terrorista-suicida-iglesia-siervo-dios.html

más de 70 (además del atentado que evitó Akash, ese día hubo más ataques).

Tal y como recoge *Catholic News Agency*, el pasado 31 de enero, el arzobispo de Lahore, monseñor Sebastian Shaw, anunció que el Vaticano aceptó a Akash Bashir como Siervo de Dios, el título otorgado a un candidato a la santidad mientras se examina de cerca su vida y obra. El arzobispo hizo el anuncio sobre Bashir, exalumno del Instituto Técnico Don Bosco, en la fiesta precisamente de San Juan Bosco.

El padre Francis Gulzar, vicario general de la archidiócesis de Lahore, dijo que era un «gran día para la Iglesia católica en Pakistán».

«Ofreció su vida como sacrificio para salvar las vidas de la comunidad cristiana en la Iglesia Católica de St. John», dijo el vicario general, que añadió que «es el primer cristiano paquistaní que ha sido elevado al rango de siervo de Dios».

La madre de Bashir, Naz Bano, contaba en el pasado a *Ayuda a la Iglesia Necesitada* que su hijo se unió por primera vez a los guardias de seguridad voluntarios en su iglesia en noviembre de 2014. «Todas las denominaciones estaban reclutando jóvenes después del ataque suicida con bomba de 2013 en la Iglesia de Todos los Santos en la ciudad de Peshawar», explicaba.

Además, relataba que «Akash solía hablar del tema con sus amigos y siguió insistiendo durante tres meses en que quería proteger la iglesia. Estaba dispuesto a sacrificar su vida si Dios le daba la oportunidad de proteger a los demás».

Ella recordó haber escuchado explosiones el día que murió. «Las calles estaban llenas de gente. Al escuchar la segunda explosión, corrí con mi hijo menor hacia la iglesia católica».

«Estaba buscando a Akash entre los chicos que estaban cerca de la puerta de la iglesia. Pero él estaba tirado en el suelo. Su brazo derecho casi había sido arrancado. No podía creer lo que veía», recuerda la madre del nuevo siervo de Dios.

Ahora, otro de sus hijos es también guardia voluntario en la Iglesia. Ha querido «tomar el lugar de su hermano», confirma la madre, que asegura que «no lo detuvimos, no podemos impedir que nuestros hijos sirvan a la Iglesia. Es su elección».

«Nuestra felicidad es mayor que nuestro dolor. Era un niño sencillo que murió en el camino del Señor y salvó al sacerdote y a los adoradores. La gente lo ama. Akash ya es nuestro santo», concluyó la madre.

14.
TERESITA CASTILLO DE DIEGO

La desconcertante bondad de una niña huérfana
rusa adoptada por españoles

MARÍA TERESA DE LOS ÁNGELES Castillo de Diego, Teresita, nació en algún lugar de Rusia el 11 de agosto de 2010, día de Santa Clara. Poco (o nada) sabemos de sus padres biológicos y de sus primeros años de vida, que transcurrieron en el orfanato de Sliudianka, una ciudad situada a orillas del lago Baikal, en la que tiene parada el famoso transiberiano en su recorrido de seis días entre Moscú y Vladivostok.

Yo pensaba que lo más complejo en organización territorial lo teníamos en Galicia, con su tupida red de comarcas, *concellos* y parroquias; pero era porque no sabía casi nada de la organización de Rusia. Sliundanka es una ciudad del *óblast* (región) de Irkutsk. Hasta ahí todo bien, pero Wikipedia especifica más al decir que Irkutsk «es uno de los cuarenta y siete *óblast* que, junto con las veintiuna repúblicas, nueve *krais*, cuatro distritos autónomos y dos ciudades federales, conforman los ochenta y tres sujetos federales de Rusia». Para consuelo del que ya se ha perdido por completo, Wikipedia añade que estamos «en el distrito Siberia». Pero sigamos con nuestra historia.

En abril de 2014, con tres años y medio, Teresita viajó desde el orfanato de Sliudianka hasta El Escorial (Madrid) con sus padres adoptivos, el matrimonio formado por los profesores españoles Teresa de Diego y Eduardo Castillo. En noviembre de 2015, a la edad de cinco años y medio, le descubrieron un tumor en la cabeza. Comenzaron cinco años de pruebas, biopsias, intervenciones quirúrgicas, quimioterapia, tratamiento de protones... y hasta once operaciones en la cabeza en sus últimas seis semanas de vida.

Falleció el 7 de marzo de 2021, día de santa Perpetua, a los 10 años. Su breve historia de dolor y amor está recogida en un vídeo[1] de HMTelevisión, en el que hablan sus padres, su madrina, su abuela, sus primos, algunas amigas y, sobre todo, ella. Pero he empezado casi por el final. Volvamos a su llegada a España.

Como no había certeza de que hubiera recibido el bautismo en Rusia, Teresita recibió el bautismo en su parroquia de Nuestra Señora de Los Arroyos, en El Escorial (Madrid), el 2 de agosto de 2014, festividad de nuestra Señora de los Ángeles: ese día recibió tres nombres, María por la Virgen, Teresa por su nueva familia y Ángeles por el nombre que tenía antes de ser adoptada. Ese mismo día se le impuso el escapulario de la Virgen del Carmen.

Con cuatro años, todos los recuerdos sobre ella son de su capacidad para disfrutar y hacer disfrutar a los que la rodeaban: gozaba con todo el mundo. Cuando

---

[1] https://www.youtube.com/watch?v=F4xXsc3Qb9s

llegaba una visita, salía a recibirla entusiasmada. Lo pasaba en grande con todos, atenta y disponible para ayudar, con iniciativa...

El periodista Álvaro Cárdenas resume el optimismo entusiasta de Teresita en un artículo de *Religión en libertad*[2]:

Le encantaba ir al parque, montar a caballo, nadar en la piscina y bañarse en la playa en verano. También jugar con sus amigos, y muy especialmente con sus primos. Entre sus películas favoritas estaban *Marcelino pan y vino* y *Las apariciones de Fátima* y los dibujos de *Santas Perpetua y Felicidad* y *Santa Teresa de Calcuta*. También le encantaban *Pocoyó, Heidi, Masha y el oso* y *La patrulla canina*.

Le encantaba llamar por teléfono a su familia y enviar mensajes para felicitarles en sus cumpleaños y en sus santos, para saludarles, contarles lo que había hecho y preguntarles cómo estaban. Siempre terminaba enviando dos sonoros besos.

Simpática, sociable, jovial, alegre, vehemente, decidida y atenta a cada uno. Teresita siempre ha sido una niña muy alegre, cariñosa, simpática, muy sociable y atenta a los demás. Se entregaba intensamente a todo, viviéndolo con gran pasión. Cuando uno estaba con ella no parecía que estuviera enferma. Le encantaba contar a todos chistes divertidos. Hacía sentirse importante y única en el mundo a cualquier persona. Saludaba siempre a la gente con la que se encontraba, a los policías, al cartero, a los niños que se encontraba en el parque, a las personas que veía pasar desde su casa.

---

[2] https://www.religionenlibertad.com/personajes/918528679/cual-secreto-teresita-detalles-santidad-vida-misionera.html

Tenía una particular sensibilidad por los pobres, con los que se paraba a hablar, los abrazaba y se hacía amiga de ellos. Vivía feliz y despreocupada, atenta a querer y a hacer felices a todos. Su simpatía, su atención y preocupación por todos, su ingenua espontaneidad y su radiante alegría, hacía que todos se sintieran encantados y felices con ella.

En el vídeo que he mencionado, su padre relata que fueron a Fátima y pasaron junto a un pobre con muy mal aspecto. Él intentó pasar rápido, pero Teresita se detuvo a hablar con él para saludarlo y abrazarlo.

Sus padres la llevaron al colegio Veracruz, centro educativo católico que llevan las Hijas de Santa María del Corazón de Jesús en Galapagar. Allí, y en su casa —sus padres la llevaban a Misa a diario—, creció su devoción eucarística.

Durante el verano de 2015 comenzó a tener dolores de cabeza: después de diversas pruebas, se confirmó la existencia de un tumor maligno y se prescribieron 18 meses de quimio... Pasó después un año *bien*, pero la enfermedad volvió a dar la cara a finales de 2018 y los médicos propusieron una operación que se realizó en junio de 2019. Antes de esa operación, el 18 de mayo de 2019, a los ocho años de edad, Teresita recibió con gran alegría la primera Comunión en su colegio.

En sus recuerdos de ese día, escribió: «Sentí que Dios me quería y me amaba, y que me invitaba al cielo». Desde ese día, acudió a confesarse con frecuencia, comulgaba todos los días, visitaba al Santísimo reservado en el sagrario y participaba en la adoración mensual de niños de su parroquia.

La operación de junio de 2019 fue bien, pero a finales de ese año creció el tumor y recibió un tratamiento con protones en Suiza. Las pruebas de octubre dieron resultados esperanzadores, pero en noviembre, recibió un balonazo mientras jugaba, que le produjo un hematoma en la cabeza. Se estudiaron los efectos... y hubo que volver al hospital.

El 12 de diciembre, día de la Virgen de Guadalupe, acudió a una reunión en el Centro Belén de Colmenarejo para preparar la Navidad. Les hablaron de ser los pastorcillos y presentarse a los pies del Niño Dios y de preparar la venida del Señor, y ella, sin venir mucho a cuento, dijo «Jo, yo quiero ser misionera, ¡ya!».

En algún momento de sus últimas convalecencias recordó a su padre su deseo de ser misionera. Eduardo compartía con ella esa ilusión, que podría llevar a cabo en el futuro si se curaba de su enfermedad, y le siguió la corriente, conmovido:

—¿Me llevarás contigo cuando vayas de misionera a la India o al Perú?

—No, no, aquí en España. Quiero ser misionera ya.

Hay un punto de madurez en esos deseos que poco tiene que ver con la ingenuidad infantil: el amor de Jesús en ella la llenaba de deseos de trabajar ya por la salvación de cuantos no conocían su amor y estaban lejos de Él, quiere que todos los que no conocen a Dios sean, como ella, felices para siempre, y por ellos ofrece sus dolores misioneros. Ya.

Estaba ilusionada con pasar el día de Reyes con su familia, rodeada de sus primos, pero fue ingresada el 2 de enero. Da igual. En el hospital de La Paz recibió el día 5 a los pajes con su buzón y allí depositó su carta a sus Majestades, ¡que fueron a verla en persona el 6 de enero! y mandó muchos besos desde allí a sus primos.

Sus tres últimos meses de vida fueron un auténtico Calvario de pruebas y quirófanos, en los que luchaba para no quejarse. Se mezclaban los efectos de los calmantes con momentos de lucidez, sueños, agradecimiento a médicos y enfermeras, conversaciones con sus padres y algunas visitas.

Pedía por su curación, rezaba estampas de Carlo Acutis y Montse Grases, recibía con devoción la Eucaristía cuando era posible. «He soñado que me voy al cielo». Sus padres estaban rotos y orgullosos a partes iguales: o tal vez más rotos que orgullosos. En una de esas ocasiones, les contó que había estado en el cielo con Dios, había pedido ver a Carlo Acutis y había estado con él.

El 11 de febrero, día de la Virgen de Lourdes, recibió la visita del Vicario episcopal, Ángel Camino, que había acudido al hospital a celebrar la misa y saludar a los médicos y enfermeras. El sacerdote pasó a conocer a Teresita en la UCI infantil. «Cuando le vio, le dijo: "Ya sé a qué vienes". Él le preguntó: "¿A qué vengo?". Teresita respondió: "A traerme a Jesús". El Vicario se sorprendió. Su madre le explicó que era el Vicario de Madrid y que venía de parte del obispo. Teresita le dijo al Vicario: "¿Sabes una cosa? Yo pido para que muchos niños conozcan a Jesús". Su madre le dice: "Teresita, dile al Vicario lo que quieres ser". Teresita respondió: "¡Yo quiero ser misionera!"».

Lo cuenta Álvaro Cárdenas: «Aquella respuesta decidida de Teresita conmovió profundamente al Vicario. En ese mismo momento don Ángel le respondió: "Bajo mi autoridad yo te constituyo misionera". Y le prometió que le traería por la tarde una cruz de misionera y su nombramiento como misionera. Le impartió el sacramento de la Unción de los enfermos, la bendición papal y le dio la comunión. Al terminar, Teresita, llena de radiante alegría, envió este mensaje a su padre: "Papá mira, me acaban de dar la Unción y me han dicho que yo ya soy una misionera de verdad".

El Vicario tras salir del hospital compró un pergamino y dio instrucciones en la Vicaría para que preparasen el nombramiento. Por la tarde lo imprimió y se lo llevó a Teresita al hospital, junto a la cruz de misionera. Al entregarle la cruz de misionera Teresita dijo: "Cuelga ahí la cruz para que la vea bien y mañana la llevaré al quirófano. ¡Ya soy misionera!"».

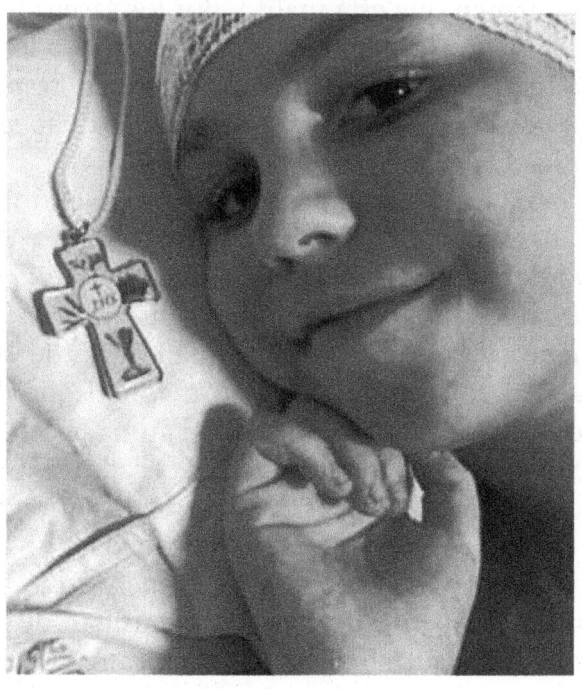

Poco después de su nombramiento, una amiga de su madre, que es catequista, le pidió que explicase a sus niños de catequesis los motivos por los que quería ser misionera: «Porque es que así estoy más cerquita de Jesús y me siento más santa; porque quiero llevar a los demás con Jesús, y también porque quiero llevar a los niños que no le conocen con Jesús, para que vayan al cielo, felices para siempre, siempre».

Y, preguntada por su madre por qué quería ser misionera, dijo: «Ser misionera es para llevar a la gente al cielo». Su madre le volvió a preguntar: «¿Y qué haces como misionera?» Y Teresita respondió: «Hablar de Jesús siempre y dar alegría. Y estos días que he estado malita lo he estado ofreciendo por la gente, por ejemplo, por alguien que está malito, por los sacerdotes». Su madre le volvió a preguntar: «¿Qué les dirías a los niños para animarlos a ser misioneros?» Teresita respondió: «Siendo feliz, siendo amigos de Jesús y estar siempre junto a Él».

A Teresita, lógicamente, no le gustaba el dolor. Pedía su curación, quería sanar y volver a casa y al colegio para dar y recibir amor y disfrutar de la vida, pero comprendió con una profundidad asombrosa que el sufrimiento y la enfermedad forman parte de la vida, y se pueden convertir en un tesoro con el que llevar a cabo su misión, como los niños de Fátima, y ofrecer sus sacrificios por la conversión de los pecadores, como la actitud de la Madre Teresa con los que sufren, como la firmeza de las santas Perpetua y Felicidad.

Teresita aceptó ofrecerse a Jesús, pero tuvo sus dudas. En un momento de especial intensidad de los dolores, mientras ajustaban las dosis de calmantes, dijo a su madre: «No puedo más, mejor me desapunto de ser misionera». Su madre la animó diciéndole: «Venga Teresita, tú puedes, ya eres misionera». Entonces Teresita dijo: «Bueno, lo intentaré una vez más».

El domingo 7 de marzo de 2021, día de las santas mártires Perpetua y Felicidad, mientras su madre le susurraba al oído «ya te vas al Cielo, vas a ver a mis abuelitos que te van a querer mucho..., vas a ver a todos los niños por los que has pedido...», Teresita dejó de respirar.

A lo largo de este libro, he recogido historias ejemplares y modernas en parte preciosas y en parte cargadas de misterio: el misterio de la Cruz, del sufrimiento de personas como nosotros que podían haber hecho mucho bien en la tierra y se han marchado al cielo. San Juan Pablo II, en la exhortación apostólica *Salvifici doloris* arroja mucha luz sobre este asunto al glosar el versículo de san Pablo a los Colosenses: «Ahora me alegro de mis padecimientos por vosotros, y completo en mi carne lo que falta a los sufrimientos de Cristo en beneficio de su cuerpo, que es la Iglesia». En la carta *Samaritanus Bonus*, el papa Francisco habla también de la esperanza que da sentido al sin sentido: «Releer, ahora, la experiencia viviente del Cristo sufriente significa entregar también a los hombres de hoy una esperanza capaz de dar sentido al tiempo de la enfermedad y de la muerte. Esta esperanza es el amor que resiste a la tentación de la desesperación».

No es un tema fácil ni para los que sufren ni para los que viven cerca de ese sufrimiento, pero la actitud de Teresita invita a cerrar los ojos y quedarse con la sólida vida cristiana de sus padres, la entrega de las monjitas de su colegio, la acogida de su familia, el ambiente de su parroquia, el esfuerzo de catequesis de los autores de sus vídeos favoritos, la dedicación de todos los sanitarios que la acompañaron... y, sobre todo, la alegría en el dolor de esta poderosa misionera.

15.
VIVIAN Y THÉRÈSE

Vivian Uchechi Ogu
Africana de 14 años asesinada a tiros
por resistirse a ser violada

VIVIAN UCHECHI OGU nació en la ciudad de Benín, estado de Edo, Nigeria, el 1 de abril de 1995. Fue la segunda de cuatro hermanos. Su familia era una de las más comprometidas en las actividades de la parroquia de San Pablo, donde Vivian fue bautizada el 1 de julio de 1995 y recibió su Primera Comunión el 21 de marzo de 2005. Su padre, por ejemplo, ayudó a organizar el grupo de laicos de la cercana iglesia católica de la Ascensión.

Tras el jardín de infancia y la enseñanza primaria, que cursó en las escuelas de la Fuerza Aérea, cercanas a su casa, se matriculó en la escuela secundaria *Greater Tomorrow*. Era muy buena estudiante y se le daban especialmente bien las matemáticas, por lo que fue elegida para representar a su escuela en el certamen matemático patrocinado por *Cow-bell*, una conocida marca de productos lácteos.

Soñaba con ser abogada para poder ayudar a los más desamparados, especialmente a las viudas y los huérfanos. También manifestó alguna vez que le gustaría estudiar para ser ingeniera aeronáutica, y demostrar al mundo que no era una profesión exclusiva para varones.

Le gustaba la lectura, cantar y bailar. Fue delegada de su clase y era frecuente que tuviera un papel destacado en las diferentes actividades en las que se involucraba: un grupo de oración, el campamento juvenil, la celebración anual del Día del Niño, la Jornada Misionera Anual de los Niños y el festival de villancicos de Navidad, así como la ceremonia de acción de gracias de fin de año. De acuerdo con su edad y sus dotes de liderazgo, se involucró en numerosas actividades de la comunidad parroquial, especialmente en el coro —que pasó de 20 a casi 60 voces bajo su dirección— y en la Asociación Pontificia de la Santa Infancia (PAHC) en la parroquia de San Pablo, de la que fue elegida primera presidenta con once años, y desde la que promovió la creación y circulación del boletín archidiocesano de la PAHC, llamado "Amigos de Jesús", y la recaudación de fondos para cubrir los gastos médicos de niños discapacitados en el Hospital Central de la ciudad de Benín y las necesidades de niños de los orfanatos de la ciudad.

En numerosas ocasiones, tanto en la parroquia como en la escuela, animó con su testimonio a niños y jóvenes a vivir con sentido cristiano la castidad y la virginidad, siguiendo los pasos de Santa María Goretti, su *santa favorita*.

El domingo 15 de noviembre de 2009, cuando era todavía estudiante de secundaria y recibía catequesis de Confirmación –programada para 2010– e iba por el capítulo 16 del evangelio de san Mateo en un estudio sobre la comprensión de los evangelios, unos ladrones armados asaltaron su casa, robaron a su familia y se llevaron a Vivian y a su hermana fuera de la ciudad a una zona rural. Los ladrones intentaron violarla, pero ella se negó enérgicamente, la dispararon y la mataron.

El 27 de noviembre de 2009, tras el funeral en la iglesia de St. Paul, su cuerpo fue llevado a su ciudad natal de Aboh Mbaise para el entierro. Al enterarse de la noticia de su heroica muerte, el gobierno del estado de Edo otorgó el terreno donde fue martirizada a la archidiócesis de la ciudad de Benín. Dos años más tarde, el consejo de gobierno local de Ikpoba Okha nombró oficialmente con su nombre la calle en la que fue asesinada.

El 29 de marzo de 2014, el Arzobispo de la ciudad de Benín, Augustine Obiora Akubeze, inauguró la *Sociedad Vivian Ogu*, con la tarea de dar a conocer la historia de su vida ejemplar, preservando el lugar donde fue asesinada, recogiendo testimonios de personas sobre sus virtudes y sobre los posibles milagros, para la promoción de la causa de su posible beatificación.

Esto es todo lo que he conseguido averiguar sobre esta sonriente mártir africana. Y a cuento de los pocos datos que hay sobre ella en internet, y de lo breve que ha quedado este capítulo (cada uno de los otros ronda las 2500 palabras y este pasa ahora por poco de las 600), aprovecho para lanzar algunas consideraciones:

Cuando comencé a recopilar información −libros, páginas web y vídeos, que he procurado enlazar en cada caso− sobre ejemplos de vida cristiana que pudieran ser luminosos, especialmente para lectores jóvenes, me di cuenta enseguida de que resultaba desproporcionada la cantidad de españoles. No me importa que se note que soy español, y que tiene cierta lógica que haya más españoles porque he acudido a lo que tengo más cerca; pero sí me importa que se pueda deducir que la santidad es casi imposible lejos del Mediterráneo. Además, me interesa subrayar que este libro no es un ranking bajo ningún punto de vista: son ejemplos, y si los lectores los acogen con interés habrá tiempo de contar historias más variadas y más documentadas, no solo con el material que se ofrece en internet (aunque en algún caso sea muy completo).

He pretendido que la recopilación sea internacional. Además de los españoles, hay una estadounidense, una irlandesa, un británico, un indio, un pakistaní, dos brasileños, cuatro italianos y las dos africanas de este capítulo, pero quedan muchos espacios sin representación, y sobre todo muchas realidades que son escenario constante de santidad, y de martirio. Copio dos párrafos de una noticia publicada en la revista *Ecclesia*[1] en abril de 2023:

> Al menos 52 250 personas han sido asesinadas en los últimos 14 años en Nigeria solo por ser cristianas, tal y como ha revelado el informe "Cristianos mártires en Nigeria" publicado por la Sociedad Internacional para las Libertades Civiles y el Estado de Derecho (Intersociety)[2], que tiene su sede en el Este de Nigeria. El informe arroja que 30 250 de ellos han sido asesinados desde que en 2015 el presidente Muhhamadu Buhari llegó al poder. El informe culpa de esos asesinatos a lo que llama el islamismo radical de Buhari. Aproximadamente 34 000 musulmanes moderados también fueron masacrados o asesinados a machetazos en el mismo período.

> 2023 no se ve mejor, ya que el informe revela que 1041 "cristianos indefensos" fueron masacrados en los primeros 100 días del año, es decir, del 1 de enero al 10 de abril. Dentro del mismo período, al menos 707 cristianos fueron secuestrados. El informe indica además que bajo el presidente Buhari, 18 000 iglesias cristianas y 2200 escuelas cristianas fueron incendiadas.

Por eso, busqué datos y he añadido una nigeriana y una congoleña. Pienso que estos relatos tienen mucha menos fuerza narrativa que el resto, aunque las historias son tremendas, porque faltan los testimonios de sus

---

[1] https://www.cope.es/religion/hoy-en-dia/iglesia-universal/noticias/mas-50000-asesinados-nigeria-por-ser-cristianos-los-ultimos-anos-20230413_2655552 (consultada el 2 de mayo de 2023).

[2] https://intersociety-ng.org/5068-citizens-massacred-for-being-christians-in-nigeria-in-2022-1041-slaughtered-in-first-100-days-of-2023/ (consultada el 2 de mayo de 2023)

padres y amigos y el colorido de sus situaciones personales: faltan entrevistas directas y visitas a los lugares en que se desarrollaron sus vidas (y sus muertes). Tampoco he visitado ahora Italia, ni Brasil, ni Irlanda del Norte, pero en esos casos hay en internet mucha información. Más: aunque he tenido la fortuna de viajar bastante por Europa, e incluso algo por Asia, África y hasta América, mi conocimiento de esos lugares tiene muchas lagunas: por ejemplo, pensaba que Benin-City era una ciudad de Benin y no de Nigeria; y he tardado bastante en averiguar que el concurso matemático Cow-Bell, en el que participó Vivian, no era una competición cuyo final se marcaba con un cencerro, sino que se debe a una marca de leche y batidos que patrocina el premio. Siento no haber encontrado nada sobre sus padres —ni siquiera sé su profesión— y hermanos, me gustaría tener testimonios de sus compañeros... El contenido de la web del Vivian Ogu Movement[3] no incluye esa información (o al menos yo no la he encontrado). Y sin embargo no he querido dejar de incluirla, ni ampararme en la indiferencia que la comunidad internacional muestra hacia los cristianos perseguidos en tantos países, ya que yo mismo tengo un importante desconocimiento de lo que sufren esos hermanos y hermanas en todo el mundo.

---

[3] https://www.vivianogu.org/

Thérèse Deshade Kapangala
Alcanzada por un disparo cuando protegía
a una niña durante una manifestación

COURTESY OF KAPANGALA FAMILY

THÉRESE TENÍA 24 AÑOS y estaba a punto de comenzar su camino como postulante entre las Hermanas de la Sagrada Familia. Fue asesinada el domingo 21 de enero de 2018 por la violenta represión de los militares que aplastaban las protestas contra el presidente Kabila promovidas por laicos católicos de todo el país. Thérese, que cantaba en el coro parroquial y militaba en la Legión de María —donde rezaba el rosario habitualmente—, había asistido a misa en la ciudad de Kintambo, al norte de Kinshasa. Inmediatamente después, ella y otros laicos habían intentado organizar una marcha de protesta. El ejército se desplegó frente a la iglesia y abrió fuego contra los manifestantes, que buscaron refugio mientras regresaban a la iglesia. Ese domingo hubo al menos cinco muertos, 57 heridos y más de 100 detenidos. Thérese fue alcanzada por un disparo mientras intentaba proteger a una niña de la masacre.

Esto es todo lo que he podido averiguar sobre ella, que fue presentada como uno de los patronos del Sínodo de los jóvenes de 2018. Aunque son bien conocidos los llamamientos a la paz lanzados por el papa Francisco, y hay muchas esperanzas depositadas en las elecciones convocadas para diciembre de 2023, la situación en la República Democrática del Congo es todavía alarmante. Un lugar en el que la iglesia sigue siendo foco de la esperanza de muchos.

Corto y pego unos párrafos de una información[4] de 2018 sobre el asesinato de Thérese que recoge también declaraciones del padre Joseph Mumbere, superior provincial de los misioneros combonianos en la región, que sirven de contexto para entender lo que allí ocurre, mueven acompañarlos con la oración y ayudan a valorar el trabajo de los misioneros:

> «La vida de la Iglesia no se puede reducir al enfrentamiento con el Gobierno. Uno de los motivos por los que hemos llegado a esta tensión es justo porque la Iglesia está muy cerca de la gente en todo el país, incluso en los rincones más remotos. Hay parroquias por todas partes y, a su alrededor, casi siempre hay una escuela, un pequeño hospital, una obra social. Sin nuestro trabajo, la catástrofe humanitaria del Congo sería aún peor».

---

[4] https://espanol.clonline.org/noticias/actualidad/2018/01/31/congo-cuál-es-la-esperanza-que-lleva-la-iglesia

Sin embargo, el papel de los curas y de los laicos en el país no se limita a un apoyo material a la gente. «Sin tener en cuenta el papel de la fe en la vida de las personas sería difícil entender cómo pueden sobrevivir. La ciencia y la economía no podrían dar razón de lo que es un verdadero milagro cotidiano. Es la fe lo que da fuerza y esperanza. Es imposible explicar la alegría de muchos. Resulta difícil encontrar en el Congo personas tristes. La gente confía en Dios y cree que un día nos mostrará sus maravillas».

La presencia de la Iglesia católica es imponente. Para 39 millones de bautizados (el 51 % de la población), hay 3700 sacerdotes diocesanos, 8600 religiosos y 8500 monjas. Hay aproximadamente diez mil institutos escolares y 2500 institutos de beneficencia vinculados a la Iglesia. Los combonianos sostienen 14 comunidades, repartidas por siete diócesis, sobre todo en el noreste del país. Ellos también gestionan sus parroquias, centros de formación, colegios y hospitales. En total, son 65 y treinta de ellos son del Congo.

El padre Joseph cuenta la importante misión de Dakwa, en la diócesis de Bondo: «Allí solo se llega en moto, en bicicleta o andando. Es increíble cómo la mayoría de la población, todos los días antes de ir al trabajo, entra en la iglesia a rezar. Así encuentran la fuerza para afrontar el día. Otra cosa que me impacta mucho es que allí la gente se junta para solucionar problemas. No todo el mundo tiene dinero para pagar el colegio de los hijos, no todos tienen la oportunidad de curarse. Por eso se organizan, fundando cooperativas, para afrontar las dificultades de la vida. Podríamos decir que hasta esta modalidad es consecuencia de la fe. Se sienten un único cuerpo».

Las palabras del cura de Kinshasa suenan como una paradoja pensando en la tormenta que está sacudiendo el país: «Es verdaderamente un momento de gracia lo que estamos viviendo porque, aunque veamos mucho sufrimiento, la fe ha llegado a ser parte de nosotros. Algo sin lo que no podríamos vivir. Para mí, como sacerdote, anunciar el Evangelio hoy en el Congo significa llevar una razón de esperanza. Es ayudar a las personas para que no apaguen esta luz. El camino de sufrimiento que estamos pasando es el mismo que recorrió Jesús en su Pasión. Pero nosotros sabemos que no acaba todo con el Viernes Santo. El domingo de Pascua llega. Esta es la esperanza que nos da fuerza y es lo que intentamos comunicar a los demás».

ESTE LIBRO, PUBLICADO POR
EDICIONES RIALP, S. A.,
MANUEL URIBE 13-15, 28033 MADRID,
SE TERMINÓ DE IMPRIMIR EN
SERVICE POINT, S. A. (MADRID),
EL DÍA 28 DE NOVIEMBRE DE 2023.